Louis YVERT

LES
VAILLANTES CHEVAUCHÉES

DE LA

CAVALERIE FRANÇAISE

PENDANT LA GUERRE FRANCO-ALLEMANDE DE 1870-1871

OUVRAGE PRÉCÉDÉ D'UNE LETTRE AUTOGRAPHE DE

M. le Général De GALLIFFET

PARIS		LIMOGES
11, Place Saint-André-des-Arts.		46, Nouvelle Route d'Aixe, 46.

Henri CHARLES-LAVAUZELLE

Éditeur militaire.

—

1895

LES

VAILLANTES CHEVAUCHÉES

DE LA CAVALERIE FRANÇAISE

Louis YVERT

LES
VAILLANTES CHEVAUCHÉES

DE LA

CAVALERIE FRANÇAISE

PENDANT

LA GUERRE FRANCO-ALLEMANDE

1870 - 1871

PARIS || **LIMOGES**

11, Place Saint-André-des-Arts. || 46, Nouvelle Route d'Aixe, 46.

Henri CHARLES-LAVAUZELLE

Éditeur militaire.

1895

À Monsieur le Général de division

de Galliffet

Membre du Conseil supérieur de la guerre
Commandant d'armée
Grand-Croix de la Légion d'honneur

Au vaillant et superbe entraîneur de cavalerie, qui, le 1er septembre 1870, à la tête de la division de chasseurs d'Afrique, immortalisait un nom déjà illustre dans les fastes de la cavalerie, dans la terrible et sanglante charge de Floing, en donnant à la Patrie et à l'Armée l'exemple du plus mâle courage et de la plus noble abnégation.

Hommage profondément respectueux et dévoué d'un ancien combattant de l'armée du Rhin.

Louis YVERT.

CONSEIL SUPÉRIEUR
DE LA GUERRE.

INSPECTIONS
ET
MISSIONS SPÉCIALES

Paris, le 14 juillet 1894

Monsieur

Je réponds, oui. Si ce oui peut contribuer au succès de à votre livre — il est de mon devoir d'aider tous ceux qui rappellent à la Cavalerie française ce qu'elle a été avec la conviction que l'avenir sera pour elle, si possible, plus glorieux encore —

Veuillez croire, Monsieur, à mes meilleurs sentiments,

Gal Galliffet

OUVRAGES CONSULTÉS

X***, *Historique du 1er cuirassiers.*
Général ROTHWILLER, *Historique du 2e cuirassiers.*
DE JUZANCOURT, *Historique du 7e cuirassiers.*
X***, *Historique du 8e cuirassiers.*
DE MARTIMPREY, *Historique du 9e cuirassiers.*
R. DE PLACE, *Historique du 12e cuirassiers.*
Lieutenant-colonel BRUYÈRE, *Historique du 2e dragons.*
Historique du 3e dragons (documents du corps).
Historique du 7e dragons (documents du corps).
MARTINET, *Historique du 9e dragons.*[1]
Abbé GABRIEL, *Historique du 12e dragons*
Historique du 13e dragons.
MENUAU, *Historique du 14e dragons (ex-1er lanciers).*
Historique du 15e dragons (ex-3e lanciers) (notes fournies à l'auteur
par le régiment).
DE QUINEMONT, *Historique du 2e chasseurs.*
CANONGE, *Historique du 3e chasseurs.*
Historique du 5e chasseurs.
Comte DE MARGON, *Historique du 8e chasseurs.*
Raoul DUPUY, *Historique du 12e chasseurs.*
Raoul DUPUY, *Historique du 3e hussards.*
Historique du 4e hussards (documents du corps).
CASTILLON DE SAINT-VICTOR, *Historique du 5e hussards.*
X***, *Historique du 6e hussards.*
PRIVAT, *Historique du 7e hussards.*
DE JUZANCOURT, *Essai sur l'arme des cuirassiers.*
DICK DE LONLAY, *Français et Allemands.*
GRENEST, *L'Armée de la Loire.*
Alf. DUQUET, *Les grandes batailles sous Metz.*
Général LEBRUN, *Bazeilles et Sedan.*
Relation de la bataille de Frœschwiller (extrait de la *Revue de
l'état-major*).
Fernand HUE, *Historique de 1er chasseurs d'Afrique.*
Paul MARGUERITTE, *Le général Margueritte.*
Revue de la Cavalerie.
Revue militaire de l'Étranger.
Général CHANZY, *La 2e armée de la Loire.*

INTRODUCTION

En parcourant les multiples documents, les études de toutes sortes qui ont été consacrés à la guerre franco-allemande, nous avons été frappé par le grand nombre de combats et d'engagements dans lesquels se sont vaillamment comportés nos braves cavaliers. La pensée nous est alors venue de réunir dans un même ouvrage tous ces glorieux épisodes, afin d'ajouter un intéressant chapitre au Livre d'or, déjà si bien rempli, de la cavalerie française et de réagir également contre certaines allégations injustes qui, au lendemain de 1870, se sont élevées contre cette arme qui donna, comme les autres, si ce n'est plus que les autres, dans cette néfaste guerre, les preuves les plus éclatantes de son héroïsme et de son dévouement.

Évidemment, la cavalerie, en raison de la mission particulière qui lui incombait dès l'ouverture des hostilités et du rôle incessant et varié qu'elle avait à remplir, devait fatalement endosser, avec plus d'acuité que les autres armes, les responsabilités premières des échecs successifs que nous allions éprouver. Et, pourtant, qu'y eut-il de réellement fondé dans les nombreuses critiques dont elle fut l'objet après nos terribles revers de 1870? Rien ou presque rien dont elle pût être accusée directement. Les fautes et les seules fautes, nous le déclarons aujourd'hui, avec la même conviction qu'il y a vingt ans, ont eu pour origines toutes naturelles notre manque presque complet d'organisation, notre insuffisante préparation à la redoutable guerre que nous allions entreprendre, enfin et surtout le défaut absolu de direction d'ensemble, de plan défini, de conception stratégique dont, au début des opérations, fit preuve le grand commandement.

Ordre, contre-ordre, désordre, telle parut être l'invariable règle de conduite de l'état-major chargé de présider aux destinées des malheureuses armées d'Alsace, de Châlons et de Metz. D'une part, une perpétuelle confusion; de l'autre, une inaction aussi voulue que déplorable. Que pouvait faire alors de plus qu'elle ne fit, dans ces désastreuses alternatives, notre brave cavalerie, dont on ne voulut ou, plutôt, dont on ne sut jamais se servir à propos?

Dans tous les cas, si elle ne put contribuer à fixer dans nos rangs la victoire implacablement rebelle, on ne doit pas lui refuser, du moins, le suprême hommage d'avoir su héroïquement mourir!

Il est cependant juste de reconnaître — et la leçon, pour si cruelle qu'elle ait été, aura évidemment porté ses fruits — que notre cavalerie de 1870, déshabituée, depuis près d'un demi-siècle, des campagnes de longue durée contre des nations égales en force et en ressources militaires, manquait de la hardiesse, de l'initiative et de l'entraînement dont avait donné de si admirables preuves son aînée des guerres de la République et de l'Empire. Très brillante d'allure, bien que médiocrement montée, elle avait depuis longtemps à sa tête des chefs intelligents et braves, mais, pour la plupart, imbus de règlements ingénieux, de théories savantes beaucoup plus à leur place sur les champs de manœuvres de Lunéville et de Châlons que dans les plaines où la destinée des batailles allait en exiger l'inutile et dangereuse expérience.

Toutefois — et les récits qui suivent, strictement exacts puisque tous sont empruntés aux historiques des corps mis en cause, le prouveront — il est certain qu'en 1870, malgré des conditions extrêmement défavorables, notre cavalerie, chaque fois qu'elle devait se rencontrer avec celle de l'ennemi, face à face et sabre au poing, ne lui a jamais été inférieure. Au contraire. Il y a donc lieu d'espérer, aujourd'hui que des théories plus larges, plus pratiques et des applications plus conformes aux exigences des guerres modernes sont journellement mises en usage dans nos régiments de cavalerie, que ceux-ci, imbus en outre de leurs vieilles et superbes traditions, se montreront, le jour où la patrie aura encore besoin de leur courage et de leur dévouement, à la hauteur de l'importante et sérieuse mission qui leur incombera à l'instant précis, à l'heure psychologique de l'entrée en campagne.

Louis YVERT

2 mai 1893.

ORDRE ET DÉSIGNATION DES RÉCITS

CONTENUS DANS LE PRÉSENT OUVRAGE

VAILLANTES CHEVAUCHÉES

DE LA CAVALERIE FRANÇAISE

PREMIER RÉCIT

Le 12ᵉ Chasseurs à Schirlenhoff.

Surprise d'une reconnaissance allemande.
(25 juillet 1870.)

Le 19 juillet 1870, la guerre était déclarée à l'Allemagne, et, le 23 suivant, le maréchal de Mac-Mahon, arrivant d'Algérie, prenait, à Strasbourg, le commandement des forces françaises destinées à opérer sur les rives du Rhin et se composant des 1ᵉʳ corps (de Mac-Mahon, puis Ducrot), 5ᵉ corps (de Failly) et 7ᵉ corps (Félix Douay).

Le 12ᵉ chasseurs appartenait à la brigade légère de la division Brahaut, du 5ᵉ corps. C'était un beau, un vaillant régiment qui, durant quatre années, venait de guerroyer au Mexique, où il s'était taillé, à coups d'estoc et de taille, contre les escadrons réguliers de Juarez et les bandes guérillas de Porfirio-Diaz, la réputation d'un corps de troupe des plus solides et des mieux entraînés.

Le 25 juillet, il cantonnait donc à Niederbronn, éclairant le corps d'armée qui, sous les ordres du général de Failly, se constituait et se concentrait à Bitche. Vers 1 heure de l'après-midi, alors que tout le régiment se livrait aux soins du pansage, une estafette dépêchée par le maire de Wœrth accourait à franc étrier prévenir le général de Bernis, commandant la brigade légère du 5ᵉ corps, qu'une reconnaissance allemande, composée de plusieurs officiers et de quelques cavaliers, venait de faire irruption dans sa commune.

Sans perdre un instant, le général de Bernis fait mander le colonel de Tucé, commandant le 12ᵉ chasseurs, et, après une courte conférence, ces deux officiers font sonner le boute-selle pour le 5ᵉ escadron, à qui va appartenir le glorieux rôle de porter les premiers coups à l'ennemi dans la terrible guerre qui vient de s'engager.

En effet, le 24 juillet au soir, le comte de Zeppelin, capitaine d'état-major wurtembergeois, ayant obtenu l'autorisation de pousser une pointe d'exploration en Alsace, avait associé à son hardi projet trois officiers de bonne volonté, de l'armée badoise, M. le lieutenant en premier de Wechmar et MM. les lieutenants en second de Villiers et de Winsloé; à ces officiers avaient été adjoints neuf dragons du 3ᵉ régiment badois qui devaient servir d'ordonnances.

Munis d'excellentes cartes, montés sur de bons chevaux, ces audacieux cavaliers traversent la Lauter, près de Lauterbourg et entrent en France dans la

matinée du 25. Après avoir coupé les fils du télégraphe
à Hanspach, ils poussent jusqu'aux environs de
Soultz; mais là, ayant aperçu des soldats français en
assez grand nombre, ils se jettent dans un sentier à
peine frayé qui conduit à Wœrth et traversent ce
village, la bride entre les dents, le pistolet et le sabre
au poing (1).

C'est alors que le maire de Wœrth dépêche immédiatement un courrier au général de Bernis pour
l'informer de la subite irruption de ce parti ennemi
sur le territoire français.

« A cheval! » commande le général, dès qu'il voit
tout son monde prêt. Les hommes sautent aussitôt en
selle, et bientôt la petite troupe quitte Niederbronn au
grand trot de ses chevaux barbes, piaffant et caraco-
lant.

En tête, galope le général de Bernis, brillant et vigoureux officier qui a fait ses preuves partout où il y a eu
des coups de sabre à donner et à recevoir, notamment
en Algérie et en Crimée, et qui a tenu à accompagner
ses braves cavaliers. Derrière lui viennent MM. Compagny de Courvières, capitaine commandant le 5e escadron, Châtelain et de Chabot, lieutenants, et Moncany,
sous-lieutenant. A la franche allure dont il a quitté
Niederbronn, le détachement français est vite arrivé
à Wœrth, où l'ennemi vient d'être signalé levant les
plans de l'emplacement qui sera le théâtre de la pro-
chaine bataille. Là, les pelotons de l'escadron vont
se disperser pour battre les environs en tous sens,
car, à tout prix, il faut se mesurer avec ces audacieux

_____

(1) Dick de Lonlay, *Français et Allemands.*
Chevauchées.   2

Teutons et les punir vertement de l'insolent défi qu'ils sont venus jeter au milieu de nos troupes.

Vers 3 heures de l'après-midi, le 4e peloton, commandé par le lieutenant de Chabot et composé de 18 chasseurs, en arrivant près de Schirlenhoff, petit hameau situé dans la montagne, entre Reischoffen et Gundershoffen, est informé par des gens du pays que la reconnaissance ennemie y fait halte en ce moment.

Le lieutenant de Chabot dispose alors sa petite troupe, fait mettre sabre au clair, s'assure que les carabines sont bien chargées; puis, d'une voix énergique où vibre la fébrile impatience d'en venir aux mains, il commande: « En avant! » Le peloton se lance à fond de train sur le village, et, en quelques bonds, il arrive sur l'auberge où les officiers allemands, fatigués de leur longue excursion, se sont fait servir un substantiel déjeuner. Un dragon badois est seul, en faction, devant la porte; à la vue de nos soldats arrivant à bride abattue, il crie à ses compagnons d'armes : « Voilà l'ennemi! » et, en même temps, abat son mousqueton, dont la balle va malheureusement frapper en plein cœur le maréchal des logis Pagnier, que son courage et son ardeur ont entraîné en avant du peloton.

C'était un vaillant soldat, décoré de la croix de la Légion d'honneur et de la médaille militaire pour sa belle conduite en Afrique et au Mexique. Mortellement atteint, il glisse de sa monture et roule inanimé et sans vie sur la route. Exaspérés par la perte de ce brave sous-officier qu'ils aimaient tous, les chasseurs se ruent sur l'auberge et sabrent sans pitié le factionnaire. Les officiers et dragons badois ont, au bruit du

danger qui les menace, saisi leurs armes, et, sans
même songer à brider leurs chevaux, ils s'élancent
devant la porte de l'écurie située dans la cour de l'auberge, afin d'enfourcher leurs montures et de s'esqui-
ver au plus vite.

Mais les chasseurs les ont prévenus; mettant à leur
tour pied à terre, ils se jettent sur les Badois, qui les
reçoivent par une salve de coups de revolver et de
mousqueton. La mêlée est courte mais acharnée. Le
lieutenant de Chabot engage la lutte, corps à corps, avec
le lieutenant de Winsloé, et, après un échange de quelques coups de sabre, le renverse mortellement frappé
d'un coup de revolver au bas-ventre. Les autres cavaliers allemands veulent alors tenter de s'échapper par
les derrières de l'habitation, mais ils tombent dans
un des groupes de chasseurs, qui, prévoyant le cas,
gardaient toutes les issues. Les Badois se défendent
alors en désespérés; mais, presque tous mis hors de
combat, ils sont obligés de se rendre.

Seul, le comte de Zeppelin, le chef de cette aventu-
reuse équipée, profitant de la bagarre, saute sur un
cheval français, qu'il rencontre dans la cour, et
s'échappe par des chemins de traverse où le poursuivent longtemps, mais inutilement, grâce à un violent orage qui vient à éclater, quelques-uns de nos
chasseurs, notamment celui dont il avait enlevé la
monture, et qui le serre de près à son tour, avec un
cheval pris aux Badois.

Quant à tous les autres cavaliers de la reconnaissance, officiers comme soldats, ils demeurent prisonniers. Ce sont : MM. de Winsloé, qui succombe dans
la soirée à sa terrible blessure, de Wechmar, légère-

ment atteint au flanc d'un coup de pointe, et de Villiers, gratifié au visage d'une superbe estafilade; tous les trois sont jeunes et distingués de langage et de manières. Huit des dragons sont pris; le neuvième avait été tué à l'entrée de l'auberge.

Du côté des chasseurs, on n'a eu qu'à déplorer la perte du brave maréchal des logis Pagnier, première victime française de la longue et sanglante épopée qui vient de commencer.

Cette brillante escarmouche a été si rapide que les autres pelotons de l'escadron, qui battaient l'estrade dans les environs et s'étaient dirigés en toute hâte vers le point où crépitait la fusillade, arrivent lorsque tout est terminé.

Le général de Bernis rejoint également les vainqueurs et les félicite chaudement de leur bel entrain et de leur impétueuse ardeur. Pour compléter ce récit, citons un amusant épisode que nous empruntons à l'excellent ouvrage de M. Dick de Lonlay : *Français et Allemands*.

Au moment où l'escadron emmenant les prisonniers se met en marche, l'aubergiste sort de sa cave tout effaré; il vient au général de Bernis, le bonnet à la main, demander « à qui il faut présenter la note ».

— On dit, généralement, que les battus paient l'amende, répond en riant le général; mais la France est assez riche pour payer sa gloire.

Et il lui donne le double de ce qu'il réclame.

Le 4 août suivant, le lieutenant de Chabot (1) était

---

(1) M. de Chabot est actuellement colonel au 12ᵉ cuirassiers.

promu chevalier de la Légion d'honneur pour sa belle conduite en cette affaire ; en outre, le brigadier Charpentier, qui, suivant immédiatement le maréchal des logis Pagnier, avait abattu d'un coup de sabre le dragon saxon qui avait tué le malheureux sous-officier, et le chasseur Desmettre, qui s'était très bravement conduit, étaient décorés de la médaille militaire.

Citons aussi comme s'étant particulièrement distingués le brigadier Lavaud et les chasseurs Galichet et Beausoleil.

Telle fut la première action de guerre de la campagne franco-allemande ; elle semblait d'un bon présage pour l'avenir. Malheureusement, elle n'eut guère de lendemains, et cela malgré le courage et le dévouement de nos braves troupiers de 1870. Nous avons suffisamment expliqué dans notre préface les causes primordiales de nos revers. Point n'est besoin d'y revenir. Bornons-nous seulement à constater que ce petit engagement fit honneur aux chasseurs du 12e régiment et qu'il démontra ce qu'on pouvait attendre de soldats qui ne demandaient qu'à être dirigés avec intelligence et à propos pour transformer en succès réels les défaites qu'ils furent successivement condamnés à subir.

DEUXIÈME RÉCIT

Les Cuirassiers de la brigade Michel à Morsbronn.

———

(Bataille de Frœschwiller. (6 août 1870.)

La charge de la brigade Michel à Morsbronn restera dans les fastes guerrières de ce siècle un de ces
actes de superbe dévouement et de chevaleresque
bravoure qui, tout en sachant commander le respect
des adversaires, soulève en même temps la plus unanime admiration. *Régiments martyrs,* tel est le titre
sacré, impérissable, auquel ont à jamais droit les 8^e
et 9e cuirassiers ainsi que le 6e lanciers.

Comme leurs immortels aînés de la Moskowa et de
Waterloo, ils ont poussé l'esprit de sacrifice jusqu'aux
dernières limites, et ces régiments ne se présenten,
plus à nos solennités militaires que salués par les milliers d'acclamations d'une foule émue, enthousiaste,
qui ne saura jamais oublier ces sanglants holocaustes
qui se nomment : Morsbronn et Reischoffen.

.... Il est 1 heure de l'après-midi, et depuis le lever
du soleil nos troupes combattent contre des masses
ennemies qui ne cessent de surgir de toutes parts,
appuyées par de puissantes batteries. La division de
Lartigues (4° du 1er corps), qui tient l'extrême droite de
notre ligne de bataille, a plus que toutes les autres à
lutter contre des forces qui, sans cesse croissantes,

cherchent d'une part à la déborder, en même temps qu'elles attaquent avec la plus grande vigueur le village d'Elsasshausen, centre de notre position.

A la vue des colonnes allemandes dirigées les unes sur son flanc gauche pour le séparer de la division Raoult chargée de la défense d'Elsasshausen, les autres vers Morsbronn pour l'envelopper sur sa droite, le général de Lartigues ne se fait aucune illusion sur la gravité de sa position, et il comprend que, si les Prussiens dépassent ce dernier village, c'en est fait de ses troupes, qui seront tournées, et de notre ligne de bataille, qui sera, à droite comme au centre, irrémédiablement disloquée et rompue.

C'est d'ailleurs là le principal objectif des généraux allemands, qui, de toutes parts, pressent l'arrivée de nouveaux renforts pour réaliser l'écrasement définitif de la petite armée française sous les innombrables bataillons de leurs Ire et IIIe armées.

Voilà donc quelle était la situation au moment où la brigade Michel, dissimulée jusque-là à la vue de l'ennemi par une ligne de crêtes occupée par nos tirailleurs, fut appelée à jouer le rôle terrible et désespéré qui immortalisera à jamais ses régiments.

De minute en minute, la fusillade allemande se rapprochait et l'attaque se dessinait de plus en plus intense. Les colonnes prussiennes du XIe corps et la division wurtembergeoise s'avançaient, soutenues par une formidable batterie de 60 pièces qui écrasait nos troupes sous ses feux redoublés et convergents, faisant fléchir de toutes parts nos lignes de tirailleurs.

C'est alors que le général de Lartigues, qui venait d'épuiser ses dernières réserves, songea à une suprême ressource ; cette ressource c'étaient les cuirassiers de la brigade Michel. A cet effet, il envoie un de ses officiers d'ordonnance demander au général Duhesme, commandant la division de cavalerie du 1er corps, l'autorisation de faire charger ses cuirassiers sur les flancs des masses ennemies, afin de dégager l'aile droite de notre armée si dangereusement menacée.

Malheureusement, le terrain sur lequel devaient combattre nos cavaliers était particulièrement défavorable. Le sol descendait en pentes assez accentuées vers la Sauër et le village de Morsbronn, situé au sud-est. Il était, en outre, parsemé de pommiers, de houblonnières, qui en faisaient une sorte d'immense verger où les tirailleurs ennemis étaient partout : couchés à terre, cachés derrière des arbres, à genoux dans les fossés et soutenus par les feux d'une redoutable artillerie.

A la demande de son collègue, le général Duhesme déclare que c'est une folie et qu'on va faire tuer tous ces braves gens pour rien. Mais on lui répond qu'il n'y a pas d'autre moyen de sauver les débris de la 4e division, et, comme il a reçu l'ordre formel du commandant en chef d'obtempérer à ces sortes de demandes, il se résigne, avec une tristesse non dissimulée, à laisser exécuter le mouvement que semble exiger les circonstances, mais dont il prévoit la sanglante et fatale issue.

Lorsque était arrivée la requête du général de Lartigues, les 8e et 9e cuirassiers étaient pied à terre, la bride au bras, dans un ravin au sud du Niederwald, à égale distance d'Eberbach et de Brückmull. Les hommes, assez mal abrités, exposés au feux plongeants des canons allemands, désiraient ardemment quitter cette position expectante et dangereuse. Aussi, ce fut avec un sentiment de réelle satisfaction qu'ils accueillirent l'ordre de se porter en avant.

La brigade se met alors en mouvement au pas, comme à la manœuvre. Elle est rangée de la manière suivante : le 8e cuirassiers en première ligne, formé en colonnes par escadrons ; le 9e en deuxième, déployé et débordant par sa droite. Deux escadrons du 6e lanciers, formant la cavalerie divisionnaire du général Lartigues, suivent le mouvement de la brigade en prenant la droite du 9e cuirassiers.

Dans cette marche, qui n'est que de 150 à 200 mètres, les cuirassiers se trouvent immédiatement exposés à un feu assez vif de tirailleurs qui renverse quelques hommes et plusieurs chevaux.

Plusieurs instants s'écoulent ; le général Michel passe au galop de son cheval sur le front de ses régiments, et, d'une voix où vibre le sentiment de l'honneur et du devoir, il s'écrie : « Camarades, on a besoin de nous. Nous allons charger : c'est le moment de montrer qui nous sommes et ce que nous savons faire ! » A ces mots, de toutes ces vaillantes poitrines s'échappe une seule, une unanime acclamation : « Vive la France ! » Puis, au commandement du général répété par leurs colonels, les cuirassiers tirent leurs sabres, qui lancent à ce beau soleil d'août des milliers d'éclairs, et, au cri : « Chargez ! » ils se précipitent intrépidement dans l'ardente fournaise.

Sous un feu épouvantable qui les fait énormément souffrir, ils traversent les lignes des tirailleurs ennemis, bondissent à travers les fossés, les rangées d'ar-

bres, les chemins encaissés. Le 8ᵉ est en tête ; en avant
de ses escadrons, galopent l'intrépide général Michel
et le brave colonel de la Rochère, montrant aux leurs
l'exemple du plus noble courage, de la plus stoïque
abnégation. Arrivés à portée de la ferme d'Albrecht-
hauseroff, où est embusquée une infanterie ennemie
fort nombreuse, ils reçoivent à pleins rangs une longue et meurtrière décharge qui les décime horriblement ; mais qu'importe ?... ils chargent toujours. Les
bruits des fourreaux de sabre qui battent les étriers,
des balles qui bossellent casques et cuirasses, des
coups de fusil qui pétillent, du canon qui tonne, des
obus qui éclatent, des cris de douleur des blessés et
des mourants, des hennissements des chevaux, tout
cet infernal et assourdissant unisson des luttes suprê-
mes, au lieu d'émouvoir nos cavaliers, ne semble que
redoubler leur vaillante ardeur, et ils continuent à
travers la mort leur course folle et désespérée.

Désuni par les décharges meurtrières des fantassins
allemands, le 8ᵉ cuirassiers s'écoule par les intervalles et par les ailes des bataillons ennemis. Deux
escadrons tournent Morsbronn ; deux autres sautent
sur la route placée en contre-bas et s'engagent à corps
perdu dans les rues du village, où, des maisons occu-
pées par de nombreux soldats au casque à pointe,
partent un feu d'enfer, une intense mousqueterie qui
les broie et les décime au passage.

L'escadron de tête aborde une étroite et longue rue,
bordée de vieilles habitations dont les toits en saillie
vont presque à se toucher ; il s'engage intrépidement
dans ce couloir, culbutant tout sur son passage ; mais,
au tournant, il est soudainement arrêté par une

grande barricade formée de brouettes renversées et de voitures engerbées et vient se briser contre cet obstacle, et avec lui toutes les troupes qui le suivent. C'est alors une indescriptible confusion : les cavaliers, lancés au galop de charge, ne pouvant retenir leur élan, se poussent, se bousculent, s'entassent et s'écrasent, pendant que les Allemands, postés derrière les fenêtres des fermes, des maisons et des granges, les fusillent à bout portant et causent dans leurs rangs pressés d'effroyables ravages (1).

Lancé à la suite du 8e cuirassiers, le 9e charge sur une étendue de 800 mètres, à gauche du village de Gunstett, garni de formidables batteries et flanqué de nombreuses troupes d'infanterie. Là aussi, les pertes de ce régiment sont des plus sérieuses, et ce n'est que considérablement amoindri qu'il pénètre à son tour dans la grande rue de Morsbronn. Comme les escadrons du 8e, ceux du 9e viennent à leur tour se briser contre le formidable abatis de lourds chariots alsaciens qui barre la route, recevant, dans cette cohue désordonnée, la mort de de toutes parts sans possibilité de se défendre. Le lieutenant-colonel Archambaud de Beaune tombe en cet endroit, mortellement atteint. Le colonel Waternau a son cheval tué par un biscaïen et se trouve renversé sous lui ; un maréchal des logis de son régiment, M. Mansart, se précipite vers son chef, le dégage, le relève et lui donne sa monture. C'est autour de cet officier supérieur que se rallient

(1) Un saisissant tableau du grand peintre militaire Detaille, tableau popularisé depuis par la gravure, a retracé d'une façon admirable ce douloureux et sanglant épisode de la bataille de Frœschwiller.

alors les derniers arrivants, et c'est aux cris de : « Vive la France ! » que tous essaient, mais inutilement, de s'ouvrir un passage. Cependant, deux officiers, suivis d'un certain nombre de cavaliers, parviennent à s'échapper. Le reste du régiment est tué, blessé ou prisonnier.

Quant aux deux escadrons du 8ᵉ qui avaient contourné le village et auxquels s'étaient joints les lanciers du 6ᵉ chargeant à leurs côtés, ils eurent à soutenir, indépendamment des feux de l'infanterie et de l'artillerie ennemies, une attaque du 13ᵉ hussards de Poméranie, à hauteur duquel ils étaient arrivés. Après une courte lutte avec ce régiment, nos cavaliers, se dégageant de leur étreinte, repassaient la petite rivière de l'Eberbach et s'engageaient dans cette partie de la forêt de Haguenau qui est connue sous le nom de Lang-Wald. Là, ils purent se reformer et se reposer un instant des efforts inouïs dépensés dans cette terrible mêlée.

A ce moment, la prise d'Elsasshausen en flammes amenait l'effondrement prévu de nos 3ᵉ et 4ᵉ divisions. La bataille était absolument perdue, et c'était maintenant au tour de la division de Bonnemains d'assurer, dans la sanglante chevauchée de Reischoffen, la retraite et le salut de l'armée.

Quant à la brigade Michel, ou du moins ce qu'il en restait (100 cavaliers du 8ᵉ et 50 environ du 9ᵉ), elle se retira sous les ordres de son chef, miraculeusement échappé au désastre de ses troupes, sur Saverne, où elle arrivait le soir vers 11 heures.

C'est seulement à 7 heures du matin, le 7, qu'il fut possible d'apprécier les pertes terribles de ces vaillants régiments. Au 8e cuirassiers, 5 officiers avaient été tués : MM. les capitaines de Najac et Lot, le lieutenant Fabre, les sous-lieutenants Revachy et Habary ; sept étaient blessés : MM. Ginot, capitaine ; Rousseau, Paillard, Bernardet, lieutenants ; Germain, Hirekel et Grilibin, sous-lieutenants. En outre, les capitaines Delmas et Bourru, le lieutenant de Boisaubin, les sous-lieutenants Benoît, Lerat et Gaudin de Villaine tombèrent, dans Morsbronn, au pouvoir de l'ennemi. Soit 20 officiers hors de combat ou prisonniers. 200 sous-officiers et cavaliers étaient tués ou blessés et 150 restaient également aux mains de l'ennemi.

Au 9e cuirassiers, les pertes n'étaient pas moindres. On comptait 3 officiers tués : MM. Archambaud de Beaune, lieutenant-colonel ; Noël, capitaine ; Matreille, lieutenant ; six blessés : MM. Sénepart, de Finances, capitaines ; de Bizemont, lieutenant ; Tardieu, de Villers, sous-lieutenants, et Cogit, médecin-major. 200 sous-officiers et soldats avaient été mis hors de combat. Enfin, le reste du régiment, à l'exception de deux officiers et d'une cinquantaine de cavaliers qui avaient échappé à la souricière de Morsbronn, était resté aux mains des Allemands. Le lendemain, le 9e était dissous et ses débris versés dans le 8e régiment.

Quant au 6e lanciers, qui avait suivi le sort des cuirassiers du général Michel, sur 14 officiers présents, 5 avaient été tués : MM. Pouët, Lefebvre, Malraisont, capitaines ; Bocheron, lieutenant, et Bardy, sous-lieutenant ; les onze survivants étaient tous blessés plus ou moins gravement. Quant à la troupe, les neuf-dixièmes de son effectif étaient hors de combat. Aussi, si les 8e et 9e cuirassiers ont acquis l'honneur d'une

charge restée légendaire, il est juste également d'y
associer le 6ᵉ lanciers (1).

En réalité, cette charge fut admirable, sublime
même, et sut mettre en superbe évidence l'héroïsme
et le dévouement de braves soldats dont, comme tant
d'autres de cette vaillante armée de 1870, on ne sut
tirer qu'un parti si négatif. Mais cette valeureuse
action fut absolument contraire aux règles tactiques
de la cavalerie, qui exigeaient, pour cet effort *in
extremis*, un tout autre moment et surtout un tout autre
terrain. Peut-être, cette charge contribua-t-elle à
sauver quelques bataillons de la division de Lartigues;
mais elle ne put un seul moment arrêter la marche
offensive de l'ennemi, et le sacrifice fut véritablement
trop complet, trop douloureux pour le résultat qu'on
devait en obtenir.

Nous empruntons, pour compléter ce mouvementé
récit, un épisode très caractéristique que nous trou-
vons dans la *Revue de la cavalerie*, et qui donne bien
une idée du désordre, de la confusion et de l'horreur
même qui résultent de pareilles hécatombes.

« ... La ligne s'infléchit d'elle-même à hauteur du
village de Morsbronn, et cuirassiers et lanciers obli-
quent à gauche pour s'engouffrer dans la grande rue
du village. C'est là qu'eut lieu la grande tuerie. Nos
malheureux cavaliers, entassés, serrés dans un chemin
encaissé, sont fusillés à bout portant par des fantassins postés dans les jardins qui dominent la route. Il
n'y avait pas de lutte, pas un ennemi à la portée des

---

(1) Le 6ᵉ lanciers est devenu, à l'organisation de l'armée en 1871, le
18ᵉ dragons actuel.

coups des cuirassiers : c'était un défilé sous la mitraille... Le chemin fut tellement encombré de cadavres de chevaux et d'hommes que, le soir, la bataille
terminée, lorsque les Prussiens voulurent y passer
avec leurs prisonniers, ils furent obligés d'y renon-
cer.

Quelques cavaliers cependant sortirent sains et
saufs de ce défilé, une cinquantaine environ — cuirassiers du 8e régiment et lanciers du 6e — et ces malheureux, affolés, tournent à gauche à la sortie du village pour rentrer dans les lignes françaises. A ce
moment, comme pour augmenter encore leurs épreu-
ves, un escadron de hussards prussien, appuyé par le
reste du régiment, sort d'un ravin où il était embus-
qué et menace de sabrer les derniers survivants du
massacre. Un capitaine du 8e cuirassiers voit le danger
et, secondé par son maréchal des logis chef, rallie rapidement cette poignée de braves en leur criant :
« Demi-tour, vous allez vous faire sabrer! » Ces cin-
quante hommes s'avancent au-devant des hussards,
qui, malgré leur supériorité numérique, n'osent pas
encore les aborder. L'ennemi s'arrête et semble attendre de pied ferme un choc qui ne peut plus être bien
dangereux : les chevaux des cuirassiers, presque tous
blessés, harassés par la longue course qu'ils viennent
de fournir dans un terrain lourd et difficile, sont à bout
de forces. Les deux lignes de cavalerie, hussards prussiens et cuirassiers français, s'arrêtent à dix pas l'une
de l'autre; aucune des deux troupes ne songe à charger; tous ont le sabre en main, personne ne s'en sert.
Si, à cet instant, un seul des cavaliers se fût précipité
hardiment en avant, nul doute qu'une mêlée de cava-

lerie, dont l'issue ne peut être douteuse, n'en fût résultée. Ce choc ne se produisit pas. Les cuirassiers si peu nombreux, si cruellement éprouvés par leur longue et douloureuse charge, affolés peut-être encore par l'effroyable carnage de la rue de Morsbronn, sentent-ils l'inutilité d'un dernier effort? Les hussards redoutent-ils encore d'affronter ces solides gaillards au visage énergique qui viennent de montrer une si froide bravoure et qui, malgré leur petit nombre, n'hésitent pas à leur faire résolument face à la voix de leurs chefs? Personne ne saurait dire ce qui se passait alors dans l'âme de tous ces hommes qui se menaçaient à si courte distance, mais ne s'abordaient pas. Car, chose étrange, et c'est surtout cet épisode que nous voulions raconter, il n'y eut là aucune mêlée, aucun coup de sabre, et, si les historiques de régiments mentionnent les tués et les blessés dans cette affaire, ce ne fut pas l'arme blanche qui les fit. Hussards et cuirassiers, arrêtés face à face, à dix pas les uns des autres, se fusillent à bout portant; les cuirassiers, laissant pendre à leurs poignets leurs lattes, sortent des fontes leur mauvais pistolet, et une fusillade de quelques secondes éclate entre les deux cavaleries. La première décharge abat de part et d'autre quelques chevaux et quelques cavaliers; puis, tout à coup, diminués encore, n'ayant plus encore, comme les hussards quelques coups à tirer, les cuirassiers qui restent s'éparpillent en un clin d'œil et essaient de rejoindre les lignes françaises. Les hussards purent, sur ce point, ramasser quelques prisonniers tombés avec leurs chevaux dans une dernière chute. Le soir, ces malheureux traversaient les lignes prussiennes et marchaient une partie de la nuit pour gagner Soultz-sous-Forêt, où on les embarqua pour l'Allemagne.

» Ce fut là un des nombreux épisodes auxquels donna lieu la charge de la brigade Michel. Il montre que, à la guerre, les faits les plus invraisemblables peuvent se produire, suivant la situation, le moral et tous les facteurs qui influent si diversement sur le cœur humain. Il témoigne encore une fois de l'héroïsme et de la valeur de ces braves cuirassiers, qui, après la plus épouvantable tuerie à laquelle on puisse assister, accouraient à la voix de leurs chefs et, malgré leur petit nombre, imposaient encore à leurs adversaires (1). »

(1) *Revue de la cavalerie,* 29ᵉ livraison (août 1887).

TROISIÈME RÉCIT

La charge de la division de Bonnemains à Reischoffen.

Bataille de Frœschwiller. (6 août 1870.)

Cette charge — légendaire aujourd'hui — restera éternellement gravée dans tous les cœurs français, comme l'expression la plus complète de l'héroïsme et du dévouement. Comme celle de Morsbronn, que nous venons de raconter et qui a vu s'accomplir l'entier sacrifice de la brigade Michel, elle représentera, elle aussi, l'immolation au devoir, l'holocauste à la patrie. Engagée dans des conditions très défavorables, s'exécutant sur un terrain coupé de fossés, de ravins, parsemé de houblonnières et de bouquets de bois, rompue avant d'atteindre l'insaisissable ennemi qui la décime impunément, cette charge, sublime dans sa grandeur, dans sa discipline, dans son abnégation, ne pouvait avoir sur l'ennemi qu'un effet purement moral. Cependant, elle atteignit son but en arrêtant pendant une demi-heure l'acharnée poursuite des innombrables bataillons allemands et en permettant à nos malheureux régiments, exténués, disloqués, brisés, de se replier sans déroute sur l'unique voie destinée à la retraite.

... Elsasshausen enlevé, il ne restait plus aux Français que les abords mêmes de Frœschwiller. Jusque-

là, le maréchal de Mac-Mahon était resté presque con-
tinuellement sur une éminence, à gauche d'Elsasshausen, d'où l'on embrassait presque tout le champ de
bataille, au pied d'un noyer qui, depuis, a pris son
nom chez les habitants du pays. Soudain, il aperçoit
à l'horizon poindre et grandir une nouvelle armée : ce
sont 40.000 Badois et Wurtembergeois qui s'avancent
sur Morsbronn pour déborder nos flancs et tourner notre droite. A cette heure avancée de la journée, il n'était
plus, hélas, question de vaincre, mais seulement de
savoir si nos vaillantes troupes, si inférieures en nombre, pourraient encore se dégager du cercle de plus en
plus redoutable qui les enserrait et si nos intrépides
et malheureux soldats parviendraient à se retirer vers
Reischoffen. En effet, il était évidemment à craindre
que, dès qu'ils lâcheraient pied, le torrent des vainqueurs ne se répandît sur les régiments en retraite et
ne fît dégénérer ce mouvement de recul en une effroyable déroute.

Le moment est donc critique. La brigade Wolff
(1er zouaves et 45e de ligne), après avoir vu échouer
tous ses retours offensifs, est finalement écrasée, broyée
par les feux multiples de l'artillerie ennemie et forcée
de se replier. Le maréchal de Mac-Mahon, frémissant
de colère et de douleur, sentant l'impuissance de ses
moyens d'action, qui, de minute en minute, échappent
à sa direction, ne voyant plus un régiment, un bataillon, une compagnie même autour de lui, se décide à
faire charger la division de cuirassiers du général de
Bonnemains, qui reste, en ce terrible instant, la suprême et dernière réserve de notre armée.

Depuis le matin, cette division, qui, tout d'abord,

était adossée au Grosserwald, avait été obligée de
changer de place à plusieurs reprises pour éviter les
projectiles; elle avait donc appuyé à droite et s'était
formée en colonne serrée par demi-régiment, au sud-
ouest de Frœschwiller, sur un emplacement d'où l'ennemi ne pouvait la découvrir. C'est là que le maréchal
la trouve et qu'il donne l'ordre au général de Bonnemains de charger, lui montrant les batteries prussiennes qui, s'établissant sur les fronts des V° et XI°
corps allemands, menaçaient de rendre la retraite de
nos troupes excessivement meurtrière : « Il faut arrêter ces batteries pendant vingt minutes, dit-il au général; le salut de l'armée en dépend. »

Les cuirassiers ont entendu le pressant appel du
commandant en chef; ils ont deviné tout ce qu'on attend d'eux, et, stoïques, résignés, ils se préparent au
sacrifice. Un souffle glacial de mort plane dans l'air,
lorsqu'on voit, impassibles et superbes, s'ébranler ces
escadrons qui, défilant devant le maréchal pour gagner leur emplacement de combat, pourraient clamer
l'antique phrase des gladiateurs romains : « *Ave, Cesar,
morituri te salutant !* »

Le sol sur lequel va donner cette charge suprême,
dernière convulsion d'une armée expirante, est aussi
défavorable que celui de Morsbronn. De nombreux
fossés, des clôtures de jardin et des vignes, des houblonnières, des taillis épais et nombreux forment autant d'obstacles naturels qui, fatalement, doivent annihiler, rompre et désunir les prodigieux et surhu-
mains efforts de cette intrépide division.

N'importe! Comme leurs frères d'armes de Morsbronn, hauts et fiers sur leurs montures, les cuiras-

siers se mettent en mouvement en ordre parfait et, comme à la parade, viennent se masser par escadron en bataille pour la décisive action.

La 1re brigade (général Girard, 1er et 4e cuirassiers) doit charger tout d'abord. Le 1er régiment prend la tête, sous le commandement de son brave colonel Leforestier de Vendœuvre, et s'élance dans la fournaise. Les escadrons déployés se précipitent successivement dans la direction de Wœrth pour aborder les terribles batteries, et leur course continue rapide, désordonnée, malgré le feu terrible qui creuse, dans leurs rangs, de sanglants sillons, jusqu'à ce qu'ils se trouvent subitement arrêtés par un profond fossé qu'il leur est impossible de franchir. Obligé de faire demi-tour, le 1er cuirassiers se replie sous une grêle d'obus, ayant cinq de ses officiers blessés : MM. Blondeau et de Campou, lieutenants ; Bolachin, Dumot et Marmet, sous-lieutenants. 70 hommes de troupe étaient également tués ou blessés et trois des officiers blessés, MM. de Campou, Bolachin et Marmet, restaient au pouvoir de l'ennemi.

Le 4e cuirassiers entre ensuite en ligne et va effectuer ses charges par escadrons successifs sur l'infanterie du Ve corps allemand, qui s'avance dans la direction de Frœschviller. Les 1er et 2e escadrons, ayant à leur tête le colonel Billet et le commandant Broutta, partent au galop, mais viennent, l'un après l'autre, se briser contre une houblonnière remplie de tirailleurs, qui les accueillent par des feux tellement nourris et rapides qu'ils ne peuvent aller plus avant. Ils se replient au galop, fusillés par d'invisibles fantassins et broyés par la mitraille de plus de soixante pièces qui tirent à pleine volée. C'est à ce moment que le chef d'escadrons Broutta a le bras emporté par un éclat d'obus.

Le colonel Billet revient alors aux deux escadrons qui n'ont pas encore donné, et, les faisant appuyer plus à gauche, il les dirige dans une petite vallée qui descend sur Wœrth. Ils franchissent ainsi plus de 500 mètres au trot, sans pouvoir trouver un terrain favorable pour charger ; puis, le 4ᵉ escadron, tournant à droite, pénètre dans un verger et tombe dans une véritable fourmilière de fantassins ennemis. Fusillés, décimés presque à bout portant, les cuirassiers du 4ᵉ font des prodiges de valeur, mais ne peuvent arriver à sabrer leurs insaisissables adversaires, enfouis et abrités dans des fossés, des taillis, des abatis d'arbres qui rendent inutiles tous les efforts de nos vaillants cavaliers.

Le colonel Billet tombe blessé en même temps que son cheval est tué ; engagé sous sa monture, il est fait prisonnier par les fusiliers poméraniens du 58ᵉ régiment, sous les baïonnettes desquels il est venu rouler. A ses côtés sont mortellement atteints le capitaine d'Eggs, commandant le 4ᵉ escadron, jeune officier plein d'avenir ; les lieutenants Motte et Schiffmacher. Le jeune sous-lieutenant Billet, fils du colonel, charge quatre fois, avec la mâchoire traversée par une balle, pour dégager son père, et avec lui se distinguent par leur superbe bravoure le capitaine Aragonès d'Orcet (1), le lieutenant Pinte, les maréchaux des logis

---

(1) M. Aragonès d'Orcet est aujourd'hui général ; il commande la 5ᵉ brigade de cuirassiers, 4ᵉ division de la cavalerie de réserve.

Bois, Sigrist, le brigadier Jousseaume, qui a le rare bonheur de sabrer quelques Prussiens, et les cavaliers Piraube, Pourcelet et Reiss.

Enfin, les pelotons, décimés et sans chefs, se décident à faire demi-tour et entraînent dans leur retraite le 5ᵉ escadron, qui arrivait en ligne. Le commandant de Négroni, seul officier supérieur resté debout, se met alors à la tête du régiment, en rassemble les débris épars et, sous une pluie de balles, une grêle d'obus, qui causent encore de nouvelles pertes, il le dirige à son point de départ, où s'est également replié le 1ᵉʳ cuirassiers après son inutile tentative.

Le 4ᵉ a fait, dans ces charges successives et sanglantes, les pertes les plus sensibles. Indépendamment des trois officiers tués que nous avons cités plus haut, huit sont blessés : M. le colonel Billet, tombé au pouvoir de l'ennemi ; le chef d'escadron Broutta (amputé d'un bras) ; le capitaine Hénot ; les lieutenants Prévost, Pelletier ; les sous-lieutenants Faure, Gauthier et Billet ; en outre, 170 hommes de troupe ont été tués, blessés ou demeurent prisonniers.

Cependant, tous ces cruels sacrifices n'ont fait gagner que dix minutes. Le maréchal de Mac-Mahon donne alors l'ordre au général de Bonnemains d'engager sa seconde brigade (général de Brauër, 2ᵉ et 3ᵉ cuirassiers).

C'est le 2ᵉ cuirassiers qui s'élance le premier, par échelons de demi-régiment. Le chef d'escadrons Corot-Laquiante, à la tête des 1ᵉʳ et 2ᵉ escadrons, se met en mouvement au trot, accompagné pendant quelque temps par le général Wolff, qui lui indique la direction vers laquelle il doit rencontrer l'ennemi, qu'on n'apercevait pas encore. Les escadrons prennent le train de charge et viennent de parcourir 600 mètres environ dans un terrain coupé de fossés et couvert d'arbres, lorsque, en arrivant au sommet d'un plateau, ils découvrent l'ennemi, qui, maître d'Elsasshausen, s'avance rapidement vers Frœschwiller et Reichoffen. Un seul carré du 1er tirailleurs algériens résistait encore dans la plaine contre les masses allemandes, qui allaient à coup sûr l'anéantir. Les cuirassiers du 2e régiment le dépassent alors, salués par les vivats de ces braves gens, dont ils couvrent la retraite par leur mouvement offensif.

En apercevant nos cavaliers se dirigeant sur eux au galop de charge, les fantassins allemands se jettent aussitôt dans les vergers et les houblonnières qui parsèment le terrain. Les deux escadrons continuent leur course droit sur l'ennemi, en opérant alors un quart de conversion vers leur droite. Mais, dans ce mouvement, le centre du 2e escadron, comprimé entre les deux ailes, arrive devant une petite éminence suivie d'un fossé d'environ trois mètres de largeur. Les chevaux, trop serrés dans les rangs, épuisés déjà par une longue course, sur un sol boueux et détrempé, essaient, mais en vain, de franchir l'obstacle; ils roulent sur les bords et entraînent dans leur chute leurs cavaliers. Il en résulte un moment d'effroyable désordre dont profitent immédiatement les tirailleurs ennemis pour tirer presque à coup sûr dans cet amas confus et désordonné d'hommes et de chevaux.

D'un autre côté, le 1er escadron, qui s'était dirigé un peu plus vers la droite, s'engage dans un verger rempli de tirailleurs ennemis dont il lui faut essuyer le feu et, sorti de cette fournaise, va déboucher dans une plaine que balaie d'intense façon la mitraille ennemie.

Ces deux escadrons du 2ᵉ cuirassiers sont affreusement décimés, et le lieutenant colonel Boré-Verrier, qui les a accompagnés, les voyant réduits à quelques hommes, désunis par le feu et les difficultés du terrain, donne l'ordre au chef d'escadron Corot-Laquiante de faire sonner le demi-tour.

Le second demi-régiment (chef d'escadrons Lacour), qui a suivi, à quelques minutes d'intervalle, le mouvement du premier, prend une direction plus à droite, mais n'en est pas moins éprouvé. Le peloton de droite du 3ᵉ escadron culbute dans une houblonnière ; mais quelques cavaliers parviennent cependant jusque sur une pièce prussienne placée à l'angle d'un verger. Un vigoureux officier, le lieutenant Bigot, l'atteint le premier et, de sa longue latte, la touche en signe de possession, quand une balle tirée des houblonnières le renverse raide mort (1). Les rares cuirassiers qui l'ont suivi tombent également à ses côtés, tués ou blessés, et les artilleurs ennemis qui ont abandonné leur pièce à la vue de nos cavaliers reviennent à elle et l'entraînent en arrière.

Les escadrons du 3ᵉ cuirassiers s'ébranlent à leur tour, et le colonel Lafutsun de Lacarre, se tournant vers ses hommes, brandit son sabre et commande : « Chargez ! » Il a à peine le temps d'achever son commandement qu'un obus, lancé de plein fouet, lui enlève

_____

(1) Dick de Lonlay, *Français et Allemands.*

la tête, coupe en deux son trompette d'ordonnance et brise le poignet du capitaine Lamotte, qui se tient auprès de lui.

Le régiment part alors à la charge, les 2⁰ et 3⁰ escadrons en tête ; ils parcourent eux aussi le sanglant calvaire où viennent de succomber leurs héroïques frères d'armes. Ils se heurtent de toutes parts aux mourants et aux morts : n'importe ! ils n'en continuent pas moins leur charge désespérée, et, dans ces derniers et sublimes moments, se distinguent particulièrement par leur courage le lieutenant Benoist (1), les maréchaux des logis Lagrabe et Desroziers, le brigadier Peaudesouppe et les cavaliers Maillet et Vuillemont.

Affreusement décimés, les deux premiers escadrons s'apprêtent à faire demi-tour et les 3⁰ et 4⁰ à charger, lorsque l'ordre de se replier est donné. Le délai fixé par le commandant en chef est atteint, et la 2⁰ brigade, qui vient, comme la première, de faire si complètement son devoir, est ramenée en arrière et vient prendre position derrière nos dernières lignes d'artillerie.

Les pertes de cette vaillante troupe avaient été cruelles. Le 2⁰ cuirassiers comptait 6 officiers tués et 2 blessés ; parmi les tués, les capitaines Horrie et Verloin, le lieutenant Humbert, les sous-lieutenants Challiet, Bigot et Divin. Parmi les blessés, les capitaines Cabrié et Teillier, le sous-lieutenant Daniel La Combe. En outre, la troupe avait 150 hommes tués, blessés ou disparus. De son côté, le 3⁰ cuirassiers avait été égale-

(1) M. Benoist, passé dans la gendarmerie en 1876, est lieutenant-colonel et commande actuellement la cavalerie de la garde républicaine.

ment très éprouvé. Outre son colonel, M. Lafutsun de Lacarre, tué, quatre de ses capitaines, MM. Matter, Fuchez, Bloume et Lamotte, étaient hors de combat, ainsi qu'une cinquantaine de sous-officiers et de cavaliers.

Il est 4 heures. Les charges sont terminées. Le général de Bonnemains rallie les débris de sa division, et il peut alors constater que, sur les 120 officiers et les 2.000 cavaliers qui la composaient avant la bataille, 35 officiers et plus de 700 hommes de troupe sont restés sur le terrain. Aussi, c'est salués par les vivats enthousiastes de l'armée que les intrépides survivants de cette terrible hécatombe défilent à travers les rangs pressés des troupes en retraite et vont rejoindre à travers bois la route de Saverne.

Comme nous l'avons dit au commencement de cette étude, il ne pouvait être possible à cette admirable division de faire mieux qu'elle ne fit. Les difficultés d'un terrain qui, admirablement disposé pour l'infanterie, devenait, par cela même, impraticable pour la cavalerie, la rapidité de la fusillade et le tir redoutable des nombreuses batteries allemandes rendaient, de toute évidence, impuissants les sublimes efforts de nos cuirassiers, et c'était au-devant d'une issue fatale et prévue qu'ils galopaient éperdument.

Toutefois, leur sacrifice ne fut pas inutile : l'élan superbe dont ils firent preuve, l'impassibilité admirable qu'ils ne cessèrent de montrer au milieu de l'ouragan de fer et de plomb qui les décimait sans relâche comme sans pitié en imposèrent à l'ennemi et ralentit, pendant un certain temps, une offensive qui menaçait de transformer notre sanglant insuccès en un complet désastre. A cet égard, on peut donc hautement affirmer que, le 6 août 1870, les cuirassiers des 1er, 2e, 3e, 4e, 8e et 9e régiments ont bien mérité de la patrie. Nous ne doutons pas que le souvenir de ces vaillantes chevauchées ne vive éternellement dans les cœurs français et n'y demeure la plus complète personnification du dévouement, de la discipline et de la valeur militaire.

QUATRIÈME RÉCIT

Le 2ᵉ Lanciers à Reischoffen. — Mort du colonel Poissonnier. — Une retraite mouvementée.

———

Bataille de Frœschwiller. (6 août 1870.)

Si les cuirassiers de 1870, comme nous venons de le raconter, doivent laisser dans l'armée de nobles et impérissables souvenirs pour leur belle conduite dans les plaines de Frœschwiller et de Rezonville, il est également juste d'associer à ces souvenirs, pour une équitable part, les 2ᵉ et 6ᵉ lanciers de la brigade de Nansouty, qui, eux aussi, firent vaillamment leur devoir aux heures difficiles des premières batailles.

Nous avons vu la belle conduite du 6ᵉ lanciers, accompagnant jusqu'à ses plus extrêmes limites la charge de Morsbronn ; dans cette narration, nous allons retracer le courageux sang-froid que déploya, dans de critiques circonstances, le 2ᵉ régiment de même arme à cette même bataille de Frœschwiller.

C'est au *journal de marche* de ce régiment, aujourd'hui 10ᵉ hussards, ainsi qu'à l'ouvrage très documenté et très intéressant *Français et Allemands,* de Dick de Lonlay, que nous faisons les principaux emprunts relatifs aux divers épisodes qui signalèrent les mouvements du 2ᵉ lanciers pendant cette terrible et mémorable journée du 6 août 1870.

Dès le matin, et lorsque le combat, d'abord partiel,

gagne peu à peu toute la ligne de bataille des deux armées en présence, le général de Nansouty, commandant la brigade de ligne de la division de cavalerie du 1er corps, fait monter à cheval le 2e lanciers et lui donne l'ordre d'aller se porter à l'est de Frœschwiller, derrière les cuirassiers de la division de Bonnemains. Ce régiment exécute aussitôt les instructions reçues et va immédiatement gagner son emplacement de combat, sur lequel il doit, pendant de longues heures, évoluer sans cesse, afin d'éviter les projectiles ennemis, qui commencent à tomber sur nos réserves.

A 11 heures, un obus éclate au centre du 2e escadron, blesse grièvement dans les reins le lieutenant Salmon, tue trois hommes et en met cinq autres hors de combat. Jusqu'à 3 heures de l'après-midi, le régiment reste ainsi inactif, sous les feux convergents de l'ennemi, assistant frémissant d'impatience et de colère à toutes les péripéties d'une lutte tellement inégale que sa fatale terminaison ne fait plus alors de doute pour personne. « Ils sont trop! » criaient nos malheureux soldats, dont les gibernes vides, les baïonnettes sanglantes, le visage couvert de sueur, les mains noires de poudre attestaient éloquemment la vigoureuse défense.

Vers 3 h. 1/2, les premiers tirailleurs allemands, dont les lignes cachent une forte colonne d'infanterie qui les suit à distance, commencent à apparaître sur les bords du plateau où le régiment est rangé en bataille ; avec ces tirailleurs accourent également deux batteries légères qui vont s'établir sur les pentes d'Elsasshausen pour couvrir de leurs feux les escadrons de la division de Bonnemains, qui commencent leurs charges successives. Le général de Nansouty, qui a déjà détaché une partie du 6e lanciers pour soutenir les cuirassiers de la brigade Michel vers Morsbronn, fait, à son tour, avancer le 2e lanciers, le dispose en échelons d'escadrons, la gauche en avant, pour appuyer le mouvement offensif des régiments de la division de Bonnemains.

Sur l'ordre du colonel Poissonnier, qui commande le régiment, on prend dans tous les rangs ses dispositions pour la charge; les lances sont sorties de la botte, les guides ramassées, et un souffle guerrier court parmi tous ces braves cavaliers qu'a énervés une si longue et pénible inaction. Le colonel tire son sabre et va commander un mouvement préparatoire; il se retourne alors vers ses escadrons; au même instant, une balle venue des lignes allemandes, à plus de 600 mètres de là, l'atteint derrière l'oreille et lui brise le crâne. La mort est instantanée. Au moment où tombait ce brave officier, une grêle d'obus s'abattait également sur le 2e lanciers, blessant assez gravement plusieurs officiers, entre autres le chef d'escadrons Colné et le sous-lieutenant de La Fresnaye. Plusieurs cavaliers, ainsi que leurs montures, sont aussi atteints par ces projectiles. C'est l'heure où reviennent broyés, disloqués et décimés les régiments de cuirassiers, accompagnés dans leur retraite par un ouragan de fer et de plomb. Il ne faut pas songer à charger dans de pareilles conditions. Aussi le général de Nansouty ordonne-t-il au lieutenant-colonel Guyon Vernier de replier le régiment en arrière et de le mettre un instant à l'abri derrière les bois situés au delà du village de Reischoffen.

Il y a environ dix minutes que le 2e lanciers a gagné

cette position que des cuirassiers, arrivant en désordre, à bride abattue, annoncent au général et aux officiers qui l'entourent qu'ils sont vigoureusement poursuivis par des forces considérables. L'ordre est donné de nouveau de remonter à cheval et de joindre la route, où les difficultés n'en deviennent que plus compliquées. A gauche, du côté de Haguenau, l'ennemi est en forces ; à droite, se trouve le village de Reischoffen encombré de troupes, de voitures, de chariots, d'impedimenta de toutes sortes, et sur lequel tonnent de tous leurs feux de nombreuses batteries ennemies ; enfin, devant le régiment, le passage est barré par le mur du parc du château de Leusse.

La situation est assurément critique pour le 2e lanciers, qui se trouve pris comme dans une souricière et va certainement, à moins d'un incident heureux, tomber tout entier aux mains de l'ennemi sans pouvoir seulement se défendre.

A ce moment, le sous-lieutenant Durckeim de Montmartin s'approche du général de Nansouty et lui fait part que, étant du pays, il connaît une porte grillée pratiquée dans la muraille et par laquelle on peut pénétrer dans le parc.

— Très bien, lieutenant. Guidez-nous alors ! — Et vous, mes enfants, dit le général, suivez-moi !

Sur les indications du jeune officier, on arrive bientôt à la porte en question, qu'on force, et, silencieusement, un à un, les cavaliers s'engouffrent par cette issue dans l'enclos sauveur, qu'ils traversent rapidement pour aller déboucher à son autre extrémité. Mais, là, surgit tout à coup une autre et sérieuse difficulté. Le parc est séparé de la campagne par un fossé ayant de 2 à 3 mètres de large, et dont les bords maçonnés ne donnent aucune prise aux sabots des chevaux.

Un petit pont en bois vermoulu permet bien de le franchir, mais ce frêle moyen de communication pourra-t-il longtemps résister au lourd passage de nombreux cavaliers assez lourdement équipés et montés ? L'expérience ne se fait pas longtemps attendre, car, à peine le général de Nansouty et le 4e peloton du 5e escadron, qui forme la tête du régiment, ont-ils franchi le pont, que celui-ci s'effondre entraînant deux chevaux et deux lanciers, qui sont grièvement blessés. De nouveau, la situation redevient passablement difficile, car, outre le danger que présente ce passage accidenté, l'ennemi a pris le contact avec nos troupes en retraite, et son artillerie bat toutes les pentes, toutes les routes, tous les chemins par lesquels s'écoulent nos bataillons meurtris et désorganisés. Les projectiles allemands commencent à tomber dans le parc, et la fusillade de nombreux tirailleurs qui ont aperçu, à travers les futaies, les uniformes bleus et rouges des lanciers fait aussi rage de ce côté.

Nos braves cavaliers, qui, jusque-là, ont fait preuve d'un grand calme, se voyant ainsi acculés et sur le point d'être pris, perdent peu à peu leur sang-froid et s'irritent de ce nouveau contre-temps. Tous cherchent à franchir le dangereux obstacle ; un certain nombre, en activant, en éperonnant leurs montures, parviennent bien à les enlever et à sauter le terrible fossé, mais beaucoup d'autres, malheureusement, y roulent avec leurs chevaux et s'y brisent les reins. A ce terrible jeu, le régiment risque de laisser la moitié de son monde, lorsque, entre temps et par un heureux hasard, des hommes, en parcourant en tous sens l'enclos, finissent par y découvrir une seconde passerelle presque neuve et assez solide pour permettre à ce qui reste des escadrons de franchir le pas difficile. Il était temps d'ailleurs, car des bataillons allemands, suivis de quelques escadrons, se dirigeaient sur le terrible parc qui avait menacé d'être, pour le 2e lanciers, une prison anticipée. Ils n'y trouvèrent plus que les infortunés cavaliers démontés, broyés par leur chute et pour la plupart moribonds.

Le soir, le régiment, dont les diverses fractions avaient peu à peu rejoint, se trouvait reconstitué et campait à Zinswiller, à quelques kilomètres de Saverne. Ses pertes avaient été cruelles : 11 officiers étaient tués, blessés ou disparus, ainsi que 230 hommes de troupe, et, pour n'avoir, pour ainsi dire, pas eu l'occasion de combattre, il n'en était pas moins réduit à la moitié ou presque, de son effectif.

CINQUIÈME RÉCIT

La défense
de Forbach par le 12ᵉ Dragons.

Bataille de Forbach. (6 août 1870.)

S'il nous a paru équitable de proclamer, comme nous l'avons fait dans nos précédents récits, la superbe vaillance de nos cavaliers lorsque, pour le salut de l'armée, il leur est dévolu la noble mission de se sacrifier jusqu'aux plus extrêmes limites, il nous paraît également juste de signaler leur bravoure et leur solidité lorsque, au lieu de la charge à outrance, les circonstances de la bataille exigent d'eux le combat à pied.

L'armée de Metz, en deux occasions qui nous ont paru dignes de figurer dans cet ouvrage, a vu deux régiments de sa cavalerie, le 12ᵉ dragons, le 6 août, à Forbach, et le 4ᵉ de même arme, le 31 du même mois, à Coincy, accomplir, comme fantassins, des prodiges de valeur dignes des meilleures troupes d'infanterie.

Nous commençons dans l'ordre naturel des événements par l'épisode concernant le 12ᵉ dragons, qui montra, dans la soirée du 6 août, au combat de Forbach, la plus vaillante solidité à défendre cette ville et à soutenir la retraite des troupes du 2ᵉ corps.

Dans l'après-midi de cette sanglante et mémorable journée, alors que la bataille était dans toute son in-

tensité et que de Spickeren à Styring-Wendel s'éten-
dait, stridente et continue, une longue et terrible ligne de feu de 7 à 8 kilomètres, le 12ᵉ dragons, qui était
resté à cheval à son bivouac, en avant de Forbach,
fournissant des reconnaissances vers Sarrebruck, Sarrelouis et Sarreguemines, recevait l'ordre du général
Frossard de porter deux de ses escadrons au-devant
d'une forte colonne ennemie qui arrivait par la route
de Sarrelouis à Forbach.

Immédiatement, le colonel Dulac fait monter à cheval les 4ᵉ et 5ᵉ escadrons, et, se mettant à leur tête, il
part au-devant de l'ennemi. Remontant la chaussée du
chemin de fer, il la traverse auprès de Forbach et
court sur la route de Sarrelouis. Mais il n'a pas
fait 2 kilomètres qu'il rencontre l'avant-garde d'une
division prussienne composée de quatre régiments d'infanterie, d'un régiment de uhlans et d'une nombreuse artillerie. C'était la 13ᵉ division d'infanterie, commandée
par le général von Zastrow, qui, franchissant la Sarre
au-dessous de Sarrelouis, au village de Wehrden, à 8
kilomètres de Forbach, venait prendre à dos notre 2ᵉ
corps, luttant depuis le matin à Spickeren et à Styring.

Vouloir avec 250 cavaliers, barrer le passage à
10.000 hommes, eût été folie. Le colonel Dulac re-
broussa donc chemin, ralliant en route la 9ᵉ compagnie du 3ᵉ génie (capitaine Bodin) qui, elle aussi, bat-
tait en retraite devant ces forces considérables, et vient
avec elle s'abriter derrière des retranchements de
campagne, élevés la veille par le 55ᵉ de ligne, mais
abandonnés dans la matinée par ce régiment, qui avait
dû se porter en avant dans la direction de Styring.

Ces retranchements se trouvaient de chaque côté de la route, près d'un cimetière, à quelques centaines de mètres en avant de la gare de Forbach.

Arrivés en cet endroit, les dragons se souvenant de leur ancienne manière de combattre, mettent pied à terre, résolus à fusiller tout ce qui passera à portée de leurs carabines et à soutenir un assaut si on les attaque à la baïonnette. Les soldats du génie s'associent également à cette héroïque résolution, et c'est avec le plus grand calme que la petite troupe fait ses préparatifs d'énergique défense.

Cependant, à tous égards, cette poignée d'hommes ne pouvait songer à arrêter la marche de la redoutable et nombreuse colonne allemande qui se dirigeait à la plus vive allure vers Styring pour tomber sur le flanc de nos troupes ; d'autre part, inquiéter l'ennemi en harcelant son arrière-garde n'était guère possible non plus à nos dragons.

D'ailleurs, le général allemand, se rendant facilement compte des faibles forces qui sont devant lui, ne s'arrête pas à ce précaire obstacle ; il continue sa marche latérale sur Styring, après avoir toutefois établi une batterie de huit pièces à 1.000 mètres environ de nos retranchements et disposé dans un ravin et dans les fossés de la route quelques compagnies déployées en tirailleurs, afin de toujours tenir en haleine notre petit détachement et de l'empêcher de gêner ses mouvements.

Pendant plus d'une heure, les Allemands font un feu d'enfer sur nos soldats ; mais, bien que cinq ou six fois plus nombreux, ils ne réussissent pas à les déloger. Vers 7 heures du soir, cependant, les pertes sen-

sibles que font à tout instant les défenseurs du retran-
chement commencent à trahir une certaine indéci-
sion et un ralentissement marqué dans leur mousqueterie. Mais, à cet instant critique, survient heureusement un détachement de 200 hommes du 2e de
ligne, arrivant du dépôt, sous la conduite du sous-lieutenant Arnaud, pour rejoindre et renforcer leur régiment. Cette petite troupe, qui vient de débarquer, en
gare de Forbach, en pleine bataille, est immédiatement
dirigée sur la ligne de notre défense, et le feu, qu'active cet inespéré renfort, prend de notre côté une intensité de plus en plus grande. Nos rangs ont été décimés, mais aussi des centaines de cadavres allemands
couchés autour de nos abris attestent l'énergique té-
nacité des nôtres.

La lutte continue ainsi plus d'une heure, sans que
l'ennemi puisse faire le moindre progrès. Malheureusement, de notre côté, les cartouches s'épuisent, tandis que, au contraire, les Allemands deviennent de plus
en plus nombreux et de plus en plus pressants. Le colonel Dulac, l'âme de cette ardente défense, voit qu'il
est impossible de résister plus longtemps et que s'at-
tarder en cet endroit serait risquer de compromettre
les soldats sous ses ordres. Il ordonne alors à ses escadrons de remonter à cheval, et, afin de donner un
peu d'air à nos lignes, il pousse, sur le bataillon ennemi le plus rapproché, une charge si soudaine, si vigoureuse, que celui-ci, surpris, se débande et fuit dans
toutes les directions. Sans perdre son temps à le poursuivre, le colonel Dulac ramène son monde dans le re-
tranchement et prend ses dispositions de retraite.

La nuit est venue; la canonnade commence à s'étein-

dre sur toute la ligne de bataille, où.gisent renversés,
mourants ou morts, plus de 3.000 hommes. Les 80.000
Allemands de Steinmetz ont enfin fini par avoir raison
des 25.000 Français de Frossard; aussi, comprenant
les difficultés de sa situation, le colonel Dulac, pour
éviter d'être écrasé ou pris par un puissant retour
offensif de l'ennemi, songe à se retirer et à rallier les
deux autres escadrons du régiment, qui, immobilisés
à leurs bivouacs, n'avaient pu prendre part à la lutte
glorieuse soutenue par leurs camarades des 4e et 5e
escadrons.

En quittant Forbach et après avoir dépassé la gare,
le chemin de fer forme une haute chaussée qu'on traverse par un passage voûté. La brave petite troupe,
sur l'ordre du colonel, ramasse alors les blessés et,
cavalerie en queue, quitte, en tiraillant toujours, la
position qu'elle a si longuement et si vaillamment défen-
due, se dirigeant alors, dans un ordre parfait, vers le
passage voûté dont nous venons de parler.

L'infanterie passe d'abord; les dragons suivent;
mais, au moment où va défiler le dernier peloton, le
colonel l'arrête : « Lieutenant Guillaumin, dit-il, vous
resterez sous cette voûte; coûte que coûte, vous en
défendrez l'entrée à l'ennemi, et vous ne quitterez
votre poste que dans une demi-heure environ. »

Immédiatement, le jeune officier fait volte-face, met
de nouveau pied à terre avec ses cavaliers, et, trouvant
à proximité quelques charrettes abandonnées, il s'en
sert pour en faire barricader l'entrée de la voûte; puis,
ayant disposé ses quelques hommes, il attend l'ennemi bien décidé à vigoureusement justifier la confiance
de son chef. Son attente n'est pas longue; les Prus-

siens, qui suivent de près la petite colonne française, attaquent bientôt la barricade improvisée et font mine de vouloir l'enlever de vive force; mais une fusillade serrée et nourrie de nos braves dragons leur ôte, momentanément, l'envie d'approcher de trop près. Pendant une bonne demi-heure, la fière attitude du sous-lieutenant Guillaumin et de ses cavaliers contient les Allemands; puis, lorsque cet officier juge le détachement français dont il protège la retraite à l'abri de toute atteinte, il remonte à cheval avec ses quinze cavaliers et rejoint au grand trot la petite colonne, qui a suivi la ligne de ralliement de l'armée vers Sarreguemines.

Tel fut cet épisodique combat de Forbach, où se conduisirent si bravement deux escadrons du 12e dragons et, avec eux, la compagnie du génie du capitaine Bodin et le détachement de réservistes du 2e de ligne. Le 12e dragons y fit malheureusement des pertes sensibles. 2 officiers étaient tués, MM. les capitaines de Cramayel et Dumont, ainsi que 17 cavaliers; 2 officiers furent blessés et faits prisonniers au moment de la retraite, MM. les lieutenants Bruny et Sacquet; enfin, 5 cavaliers étaient également hors de combat. Cette action, évidemment inaperçue dans le mouvement général d'une affaire aussi importante, aussi sérieuse que le fut la bataille de Forbach-Spickeren, n'en reste pas moins une belle page pour le Livre d'or du 12e régiment, qui déploya, le 6 août 1870, les traditionnelles qualités auxquelles l'arme des dragons doit, dans notre armée, sa glorieuse et légendaire réputation.

SIXIÈME RÉCIT

L'escarmouche de Gros-Tenquin

Le 3ᵉ Chasseurs à cheval. (9 août 1870.)

Au moment de la déclaration de guerre avec l'Allemagne, le 3ᵉ chasseurs tenait garnison à Versailles. Il fut immédiatement appelé à entrer dans la composition de la division de cavalerie du 3ᵉ corps d'armée (Bazaine). Cette division, commandée par le général de Clérembault, était formée des brigades de Bruchard (2ᵉ, 3ᵉ et 10ᵉ chasseurs), de Maubranches (2ᵉ et 4ᵉ dragons) et de Juniac (5ᵉ et 8ᵉ dragons). Le 26 juillet, le 3ᵉ chasseurs quittait Versailles et s'embarquait à la gare des Chantiers pour la direction de Metz, où il arrivait le surlendemain 28.

Le régiment avait été constitué à cinq escadrons de guerre, les 1ᵉʳ, 2ᵉ, 3ᵉ, 5ᵉ et 6ᵉ (le 4ᵉ formant dépôt), et son effectif comprenait 47 officiers, 687 sous-officiers et soldats et 725 chevaux. Il était commandé par le brave et énergique colonel Sanson de Sansal.

Dès son arrivée à l'armée du Rhin, le 3ᵉ chasseurs est scindé en deux groupes attachés à deux divisions d'infanterie du 3ᵉ corps : le colonel, avec les 1ᵉʳ, 2ᵉ et 3ᵉ escadrons, à la division Montaudon (1ʳᵉ du 3ᵉ corps); le lieutenant-colonel de Puységur, avec les 5ᵉ et 6ᵉ escadrons, à la division de Castagny (2ᵉ du 3ᵉ corps).

Le régiment quitte Metz le 2 août dans ce dispositif, protégeant le flanc gauche du corps d'armée; il campe et cantonne successivement à Boulay, à Porcelette, à Téterschen, à Rosbrück près Sarreguemines, où il passe la nuit du 5 au 6 août, veille de la bataille de Forbach, dans un continuel qui-vive.

Le 7 août, après la défaite du corps Frossard, toute l'armée se met en retraite sur Metz, où elle a reçu l'ordre de se concentrer, et le 3ᵉ chasseurs est chargé d'éclairer et de flanquer les troupes du 3ᵉ corps; le 9 août, il arrive à Faulquemont et se signale par un brillant engagement avec un parti considérable de cavaliers allemands.

Dix-huit voitures appartenant au convoi du 2ᵉ corps avaient été égarées, pendant la retraite, dans les environs du village de Morange. Le 3ᵉ chasseurs reçoit alors l'ordre de se mettre à leur recherche dans cette direction. Il part au trot, et, après quelques heures d'investigations, il retrouve près de Gros-Tenquin une partie de ces bagages. A ce moment, des éclaireurs du régiment, revenant de pousser une pointe vers ce village, y signalent la présence de cavaliers allemands. Sans perdre un instant, le colonel de Sansal donne immédiatement l'ordre au 2ᵉ escadron (capitaine commandant d'Urbal) de pénétrer sans coup férir dans Gros-Tenquin et d'en chasser l'ennemi. Il reste, lui, en réserve avec ses autres escadrons, prêt à appuyer la démonstration offensive du capitaine d'Urbal.

Le 2ᵉ escadron, éclairé par un peloton sous les ordres d'un tout jeune officier, le sous-lieutenant Robert du Gardier, se dirige sur le village à fond de train.

Les hommes de pointe avertissent alors l'officier

d'avant-garde que le village est occupé. M. du Gardier n'hésite pas un instant : mieux monté que ses hommes, il les devance rapidement et se lance résolument sur deux vedettes de cuirassiers blancs, avec lesquels il échange quelques coups de revolver, puis pénètre dans le village suivi de près par son peloton. Là, il aperçoit un certain nombre de uhlans qui ont mis pied à terre et fouillent les maisons; il se dirige droit sur eux et les somme de se rendre. Quatre Allemands se jettent aussitôt sur lui : il en renverse deux des derniers coups de revolver qui lui reste, et il tient les deux autres en respect; mais, pendant qu'il s'escrime avec ces derniers, un des uhlans blessés se relève et frappe l'intrépide officier de deux coups de lance qui l'atteignent grièvement.

« A moi chasseurs! » s'écrie l'héroïque jeune homme, et il s'évanouit. Mais ses hommes ont entendu cet appel suprême, désespéré; ils n'accourent pas, ils volent. Le maréchal des logis Larieux, d'un furieux coup de sabre, fend le crâne au uhlan qui a blessé son chef, et les chasseurs, se ruant dans la rue principale, sabre au poing, sur les Allemands déroutés par cette brusque et vigoureuse attaque, les obligent à fuir dans toutes les directions.

Au bruit de l'engagement, l'escadron de chasseurs se porte tout entier en avant et au galop, traverse la grande rue de Gros-Tenquin, qu'a déjà nettoyée le peloton de pointe, et débouche sur la place de la Mairie, qu'occupe deux pelotons du 4ᵉ régiment de cuirassiers (Magdebourg). Fondre sur ces cavaliers, les culbuter en un clin d'œil, leur tuer 7 hommes et les poursuivre en les sabrant à outrance, n'est pour nos braves chasseurs que l'affaire d'un instant. Les cuirassiers se dispersent et s'enfuient de toutes parts, laissant entre nos mains quelques hommes démontés.

Pourtant, à une faible distance, plusieurs escadrons de cuirassiers et de uhlans contemplent ce combat, car, à travers le feuillage, on voit briller les casques et scintiller les lances; mais cette troupe ne bouge pas et assiste sans sourciller à la déroute des siens.

C'est en cet instant que le chef d'escadrons Lebrun, qui dirige la reconnaissance, ayant acquis la certitude que le village de Gros-Tenquin ne contient aucune voiture du 2e corps, donne le signal de la retraite. Nos chasseurs du 3e se retirent alors triomphalement et sans être inquiétés, ramenant avec eux 4 cuirassiers, 3 uhlans et une douzaine de chevaux.

Le vaillant 2e escadron n'a eu à déplorer, dans cette brillante escarmouche, la perte d'aucun homme; mais, seulement, il a dû laisser, dans le village de Gros-Tenquin, le brave sous-lieutenant du Gardier (1), que la gravité de ses blessures ne permettait pas d'évacuer sur Metz.

Seulement, avant de quitter le village, ses soldats, qui l'adoraient, l'avaient transporté avec les plus grands ménagements au presbytère, où le curé s'était empressé de lui prodiguer les soins les plus dévoués. Malheureusement, les Allemands, revenant en force le lendemain dans ce village désert, faisaient, malgré

_____

(1) M. Robert du Gardier fut, à son retour de captivité, en septembre 1871, nommé chevalier de la Légion d'honneur. Il avait 22 ans.

ses blessures, M. du Gardier prisonnier de guerre et le dirigeaient sur une de leurs ambulances.

Bien que cette page soit courte dans le bel historique de notre vaillant 3ᵉ chasseurs, elle n'en est pas moins digne d'être mentionnée, car elle démontre la supériorité de notre offensive et le superbe entrain de nos soldats lorsqu'il leur est donné l'occasion de se mesurer corps à corps.

Le maréchal des logis Larieux fut, quelques jours après, décoré de la médaille militaire pour sa belle conduite dans cette courte action.

SEPTIÈME RÉCIT

Engagement du 2ᵉ Hussards sur la route de Sarrelouis.

(9 août 1870.)

Le 2ᵉ hussards, l'ancien et brillant régiment de *Chamboran*, au dolman brun-marron orné de tresses blanches, était en garnison à Versailles lorsque éclata la guerre avec la Prusse, en juillet 1870. Il forma alors, avec son compagnon d'armes le 7ᵉ hussards, la brigade légère (général de Montaigu) de la division de cavalerie (général Legrand) du 4ᵉ corps (général de Ladmirault).

Après un court séjour à Thionville au début des opérations, il eut du moins la platonique consolation d'être le seul des régiments français qui, dans cette malheureuse guerre, ait pu fouler le sol allemand. En effet, le 28 juillet, avec un bataillon du 73ᵉ de ligne, il pousse une reconnaissance assez audacieuse en pays ennemi et va jusqu'à Borg, village situé à une douzaine de kilomètres de Trèves. Le 2ᵉ hussards prend part ensuite aux divers mouvements de son corps d'armée jusqu'au 6 août 1870. A cette date, la double défaite de nos troupes à Frœschwiller et à Forbach leur impose l'obligation de battre en retraite sur Metz.

Le 9 août, vers 3 heures du matin, le 2ᵉ hussards,

qui avait campé près du hameau de Lauvallier, à une quinzaine de kilomètres de la cité lorraine, lève son camp pour aller prendre position sous cette ville, près du fort Saint-Jullien, au plateau de Sainte-Barbe.

Le régiment était en marche depuis 4 heures du matin, lorsque, vers 11 heures, le 4ᵉ corps reçoit l'ordre de prendre position, afin, s'il y a lieu, d'arrêter et de maintenir la marche de l'armée ennemie. Le 4ᵉ corps, conformément aux mouvements prescrits, fait demi-tour et prend ses dispositions de combat. Vers 1 heure, un peloton du 4ᵉ escadron est dirigé sur Boulay, où des forces allemandes considérables sont, dit-on, signalées.

Ce peloton, composé de 40 hussards, sous les ordres d'un solide et vigoureux officier, M. le capitaine Jouvenot, se dirige aussitôt au grand trot dans la direction indiquée, et, en arrivant à Volmérange, la petite reconnaissance française est, en effet, prévenue que des coureurs prussiens viennent de faire irruption dans le village.

Sans perdre un instant, le capitaine Jouvenot fait mettre sabre au clair et assurer la charge des mousquetons ; puis, il divise sa petite troupe en deux fractions, laisse l'une en soutien avec le capitaine en second Gautier et le sous-lieutenant Hainglaise et part avec l'autre, suivi du sous-lieutenant Carrelet, en pointant droit sur Boulay.

Après un demi-kilomètre parcouru au grand trot, les hussards aperçoivent distinctement une troupe de cavalerie qui semble établie sur la grand'route de façon à leur barrer le passage vers Boulay. C'est, en effet, une reconnaissance composée d'une quarantaine de uhlans qui, voyant de loin galoper notre petit groupe de cavaliers, s'est portée à sa rencontre, puis s'est arrêtée en mettant la lance en arrêt et en attendant de pied ferme.

« En avant! Chargez! » commande à pleins poumons le capitaine Jouvenot, et, toujours suivi du sous-lieutenant Carrelet et de quinze hussards, il tombe comme un ouragan sur les Allemands, troue leur ligne, et, se rabattant sur eux, il les attaque corps à corps. Un combat très court, mais très violent, très acharné s'engage aussitôt entre nos hussards et les uhlans. Ces derniers ont bien, comme toujours d'ailleurs, l'avantage du nombre; mais, lourds et pesants, ils n'ont ni l'ardeur, ni l'agilité, ni l'entrain des nôtres, et, après une furieuse mêlée où lances et bancals se froissent, se heurtent et se brisent à l'envi, l'ennemi, rompu, disloqué, sabré, bat en retraite, laissant sur le terrain six tués et un des siens prisonniers.

Malheureusement, cette brillante et rapide mêlée nous a également coûté cher : le brave capitaine Jouvenot a payé de la vie son intrépide ardeur. Toujours en avant de ses hommes, il est tombé, au début de l'action, au beau milieu d'un groupe de uhlans, qui, s'acharnant sur lui, l'ont littéralement lardé de coups de lance et étendu sans vie sur la grand'-route. Le sous-lieutenant Carrelet, qui s'est jeté à son tour sur les Allemands pour venger son infortuné capitaine, est également blessé de deux coups de lance et d'un coup de sabre. Mais un vigoureux sous-officier, le maréchal des logis Delaurens, prend alors le commandement de la petite troupe française, la ramène jusqu'à trois fois sur l'ennemi, qui cède enfin le terrain devant le superbe élan de nos hussards.

Un uhlan, trois chevaux harnachés, cinq lances et quatre pistolets, tels furent les trophées de victoire rapportés par les braves du 4e escadron, qui furent accueillis, à leur retour, par les vivats enthousiastes de tout le régiment. Indépendamment du capitaine Jouvenot, tué, et du sous-lieutenant Carrelet, blessé, trois hussards avaient été plus ou moins gravement atteints; c'étaient les sieurs Ramain, Peuchot et Pocquet, qui, ramenés sur Metz le lendemain par les soins de quelques habitants de Boulay, tombèrent en route dans un parti de soldats allemands qui les firent prisonniers bien qu'ils fussent protégés par le pavillon de la société de Genève. Le sous-lieutenant Carrelet, qui, blessé, avait été recueilli à Volmérange, fut également ment pris dans les mêmes conditions.

La belle conduite de cette poignée de braves du 4e escadron du 2e hussards fut mise à l'ordre du jour, et le colonel reçut, pour son régiment, des félicitations particulières du général de Ladmirault, commandant le 4e corps d'armée.

Dans un prochain récit, nous allons retracer la vaillante et terrible charge du plateau d'Yron, et nous y verrons, comme dans cette rapide escarmouche, le 2e hussards y faire brillamment son devoir.

HUITIÈME RÉCIT

Le 1er Chasseurs d'Afrique à Pont-à-Mousson.

(12 août 1870.)

Le lundi 1er août 1870, à 5 heures du soir, débarquait à Lunéville la belle et imposante division de chasseurs d'Afrique, placée sous les ordres d'un brillant soldat, d'un superbe cavalier, le général du Barail, dont toute l'existence militaire n'avait été qu'une longue et héroïque chevauchée à travers les plaines africaines, les rizières lombardes et les savanes mexicaines. Avec lui, marchaient, à la tête de ces beaux régiments, des généraux et des colonels qui se nommaient : Margueritte, de Lajaille, de Galliffet, de Quélen, Clicquot, de la Martinière, tous vaillants et intrépides officiers qui comptaient plus d'années de campagnes que d'années de services.

Cette magnifique troupe, une des plus aguerries, une des plus redoutables que jamais nation européenne ait pu mettre en ligne, fut, dès son arrivée, dirigée sur l'Esplanade de la coquette cité lorraine, et, après une journée entière consacrée au repos et aux mille petits travaux nécessités par un long et fatigant voyage, elle se présentait, le 3 août, devant ses généraux, irréprochable de tenue, admirable de prestance.

C'était la première fois d'ailleurs que ces hardis et renommés cavaliers exhibaient en France leur élégant et sensationnel uniforme. Aussi, quel admirable coup d'œil offraient ces 2.400 *chasse-marais* (1), rangés en bataille par escadrons en ligne, sur le vaste champ de manœuvres de Lunéville couvre-nuque blanc déployé, sabre au clair, étendards claquant au vent et salués par les enthousiastes acclamations d'une foule qu'électrisait, à bon droit, le remarquable aspect de ces fiers soldats !

Malheureusement, les heureux présages qu'évoquait dans tous ces braves cœurs lorrains une aussi brillante, une aussi martiale journée, devaient vite s'évanouir au souffle brutal des inexorables réalités. Manque complet d'organisation, défaut absolu de préparation à la guerre, absence totale d'un plan raisonné et prévu. Cet ensemble fatal de circonstances néfastes était plus que suffisant pour annihiler la bravoure, l'élan et l'entrain de troupes si vaillantes qu'elles pussent être, et nos admirables chasseurs d'Afrique devaient, comme leurs intrépides frères d'armes les cuirassiers de Morsbronn et de Reischoffen, trouver sur les pentes de Floing leur sanglant et glorieux calvaire.

Toutefois, avant d'en arriver à ces pages vibrantes d'héroïsme et de grandeur, nous allons, pour observer l'ordre chronologique des événements, raconter d'abord le brillant combat que livra, quelques jours plus tard, à Pont-à-Mousson, le 1er chasseurs d'Afrique au

(1) Surnom africain des chasseurs d'Afrique.

17e hussards de Brunswick et au 19e dragons d'Oldenbourg.

Dans la journée du 11 août, le grand quartier général, à Metz, est prévenu que de nombreuses reconnaissances allemandes battent tout le pays entre le sud
de Metz et la rive gauche de la Moselle et qu'une troupe
allemande assez nombreuse vient de faire irruption
dans la ville de Pont-à-Mousson, se mettant en devoir
de détruire la voie du chemin de fer et les lignes télégraphiques.

Le maréchal Bazaine, à la réception de cette nouvelle, fait immédiatement mander le général du Barail
et lui donne l'ordre de faire aussitôt marcher la 1re brigade de sa division (général Margueritte) afin d'opérer vers la petite ville lorraine, une forte reconnaissance offensive.

A midi précis, en conformité des instructions données, les trompettes des régiments désignés (1er et 3e)
sonnent à pleins poumons le refrain de la 1re brigade; puis, tout de suite après, le boute-selle. A ce
signal significatif, officiers et soldats se précipitent
avec des cris de joie vers leurs excellents petits chevaux barbes, qu'ils sellent en un instant, et en moins
de trois quarts d'heure les huit escadrons des 1er et
3e chasseurs d'Afrique sont absolument prêts et n'attendent plus que le signal du départ qui, d'ailleurs,
n'est pas long à retentir. La colonne s'ébranle alors,
le général Margueritte en tête, suivi du 1er chasseurs
d'Afrique, colonel Clicquot de Mentque, puis du 3e de
même arme, colonel de Galliffet.

On descend la route qui longe la rive gauche de la
Moselle; successivement on passe à Moulins-lès-Metz,

à Ars-sur-Moselle, à Ancy, à Novéant. Dans cette dernière localité, on rencontre des gens du pays qui confirment l'entrée des Prussiens à Pont-à-Mousson.

— Hâtez-vous, mon général, dit l'un des derniers interrogés, hâtez-vous! La cavalerie allemande vient d'occuper Pont-à-Mousson ; elle fourmille dans toute la ville, et son état-major, qui est descendu à l'hôtel du *Cheval-Rouge,* a commandé un grand dîner au champagne !

— C'est parfait, répond le brave général Margueritte, nous allons leur porter le dessert.

Puis, se tournant vers ses escadrons, il commande :

— Escadrons au trot... marche !

A ces mots, la brigade s'envole dans un tourbillon de poussière et dévale rapidement, bruyamment dans la direction indiquée. Les chevaux piaffent et caracolent, les sabres choquent l'étrier, le bidon et le quart retentissent sur la crosse du chassepot, et par-dessus tout ce cliquetis de ferrailles s'élèvent les hennissements des chevaux et les joyeux hourras de nos « chasse-marais » (1). De ce train d'enfer, la brigade Margueritte a bientôt franchi la distance qui la sépare de Pont-à-Mousson et se trouve en moins de deux heures en vue de cette petite ville. Il est 4 heures de l'après-midi. Le général prend alors et sans perdre un instant toutes les dispositions nécessaires pour faire éprouver à l'ennemi le plus de pertes possible.

Par son ordre, le 3e chasseurs d'Afrique restera en réserve sur la route de Metz, prêt à soutenir les esca-

---

(1) Dick de Lonlay, *Français et Allemands.*

drons du 1ᵉʳ régiment s'il en est besoin. Ceux-ci se subdivisent alors en deux importantes fractions : les 5ᵉ et 6ᵉ escadrons sont envoyés vers la gare, qu'ils ont mission de débarrasser de l'ennemi qui l'occupe, puis le général, prenant avec lui les 3ᵉ et 4ᵉ escadrons, se met à leur tête et pointe droit sur Pont-à-Mousson. Comme un ouragan, la charge arrive à travers la principale rue, en chasse à coups de sabre et de revolver les Allemands surpris, démoralisés et débouche bientôt sur la place Duroc, au centre de la ville. Là, les deux premiers pelotons du 3ᵉ escadron tournent à gauche et gagnent la haute ville pour poursuivre l'ennemi, qui abandonne précipitamment les bas quartiers pour s'enfuir vers les pentes qui mènent sur les hauteurs environnantes. Dirigés et entraînés par le capitaine Laffont et le sous-lieutenant de Groulard, les chasseurs d'Afrique parcourent environ 3 ou 4 kilomètres sur la route de Lunéville, poursuivant les fuyards l'épée dans les reins. Un escadron de dragons d'Oldenbourg, qui vient de se placer en bataille en dehors de la ville, est chargé à fond, disloqué, rompu, brisé par l'admirable entrain de nos chasseurs d'Afrique, que grisent le succès et les bruits multiples des cliquetis de sabre et des coups de revolver.

Moins agiles, bien qu'aussi braves que nos cavaliers, les Allemands essaient de tenir, mais beaucoup paient de leur vie leur dernière résistance. Le lieutenant de Rastignac, du 3ᵉ escadron, s'acharnant après deux officiers ennemis, un capitaine de dragons et un premier lieutenant de houzards, s'élance d'abord sur le premier, qu'il atteint et qu'il perce d'outre en outre d'un furieux coup de pointe; puis, galopant vers l'autre, il essuie de ce second adversaire quelques coups de feu qui le manquent, et, enlevant alors son souple coursier dans un bond désordonné, il arrive côte à côte avec l'**Allemand,** dans la poitrine duquel il plonge son sabre jusqu'à la garde. La poursuite continue ainsi, jusqu'à ce que le capitaine Laffont fasse sonner le ralliement, car les chevaux, s'animant, pourraient entraîner leurs cavaliers jusque dans les rangs de l'armée ennemie.

Pendant que les deux premiers pelotons du 3e escadron opèrent ainsi brillamment dans la ville haute et ses alentours, les deux autres, sous la conduite du lieutenant de Marsaquet et du sous-lieutenant Lardier, arrivés sur la place Duroc, prennent à droite pour se rabattre sur la gare et couper ainsi toute retraite aux fuyards. En un clin d'œil, nos braves cavaliers arrivent comme une trombe sur la voie ferrée, tombent au milieu des dragons allemands, qui, paisiblement et sans méfiance, continuaient leur œuvre de destruction des rails et des fils télégraphiques, et les sabrent sans pitié. Beaucoup d'entre eux sont tués sur place; un certain nombre cherchent le salut dans la fuite, mais, leurs longues bottes s'embarrassant à travers les rails, ils roulent à terre et sont cloués sur place (1).

Les chasseurs d'Afrique sont donc maîtres de Pont-à-Mousson; mais, si le plus fort de la besogne semble fait, il n'en faut pas moins déloger des maisons à proximité de la Grand'Place les nombreux Allemands qui s'y sont réfugiés et qui continuent le coup de feu contre nos cavaliers.

---

(1) Dick de Lonlay, *Français et Allemands.*

Agacés d'abord, puis furieux de cette fusillade qui
tue net un des plus vieux soldats du régiment, le brigadier Laurent, et blesse plusieurs autres de leurs camarades, les chasseurs d'Afrique mettent pied à terre
et, se dirigeant vers les maisons signalées, ils en enfoncent les portes et les volets à coups de crosse, pénètrent dans les appartements, les cours, les jardins, se
livrant avec une sauvage ardeur à une véritable
chasse à l'homme. Animés, exaspérés, ils tuent sans
rémission ceux de leurs adversaires qui s'obstinent à
se défendre, mais font prisonniers sans brutalité ceux
qui ont le bon esprit de se rendre à discrétion.

Pendant que se passaient ces multiples incidents, le
général Margueritte et le colonel Clicquot, marchant à
la tête des pelotons disponibles du régiment, arri-
vaient devant l'hôtel du *Cheval Rouge*, où, leur avait-
on affirmé, devaient festoyer les officiers prussiens.

À peine la tête de colonne de nos escadrons est-elle
à hauteur de cette auberge, qu'une violente fusillade
éclate tout à coup et que le chasseur Robert s'affaisse
mortellement atteint, en même temps qu'à ses côtés
sont plus ou moins gravement blessés quelques cavaliers.

C'est une trentaine de dragons et houzards ennemis
qui, réfugiés dans l'hôtellerie en question et se fiant à
son solide portail hermétiquement fermé, ont, dès
qu'ils ont aperçu les nôtres, ouvert le feu contre eux.

Le général Margueritte fait immédiatement arrêter
la colonne, et, montrant du bout de sa canne la lourde
porte, il crie à ses chasseurs : « Allons, mes enfants,
il me faut débusquer ces gaillards-là ! » Le capitaine
de Brimont, qui est à ses côtés, saute alors à terre et, se

ruant sur le portail, essaie de l'enfoncer; mais il ré-
siste à tous ses efforts; c'est alors qu'un brave cavalier,
du nom de Micoud, arrive à son tour à la rescousse et,
s'approchant de la porte, fait tourner la barre de bois
qui la retient fermée, puis, se plaçant de profil, écarte
vigoureusement les deux battants et pénètre dans la
cour, salué par une bordée de coups de feu qui ne font
heureusement qu'érafler sa veste et vont tuer derrière
lui le cheval de l'adjudant Gaillard.

Au même instant, un jeune officier de hussards, à
l'uniforme noir galonné d'argent, s'élance au-devant
des nôtres, le sabre pendant à la dragonne, un court
mousqueton Dreyse à la main. Soudain, il vise le colonel Clicquot et fait feu à bout portant sur cet officier
supérieur; mais celui-ci évite la balle du Prussien en
se baissant brusquement. Le hussard allemand jette
aussitôt son arme inutile et se précipite le sabre haut
sur le général Margueritte, lui assénant sur la tête un
coup terrible de taille; mais également ce dernier a
prévu le coup : il pare à temps avec sa canne, et la lame
déviée ne fait que fendre le turban de son képi. « Ma-
ladroit! » crie-t-il. Le capitaine de Brimont et l'officier
d'ordonnance du général, le lieutenant Reverony,
s'élancent alors sur l'audacieux ennemi et le renversent à coups de revolver, mortellement blessé, sur le
bord du trottoir, où il expire presque instantanément.
A cette vue, les Allemands, qui, du fond de la cour,
ont assisté muets et impassibles à cette courte et sanglante scène, déposent leurs armes et, précédés de
trois officiers, viennent se constituer prisonniers au
g énéral Margueritte.

C'est la dernière résistance de l'ennemi dans Pont-à-Mousson. Tous les Prussiens qui sont restés dans la ville sont tués, blessés ou prisonniers et ceux qui ont réussi à s'échapper fuient à bride abattue dans la direction de Nancy.

Les vainqueurs comptent alors leur pertes, qui se chiffrent par 1 brigadier et 1 chasseur tués, 1 brigadier et 9 chasseurs blessés. Du côté de l'ennemi, 3 officiers et 14 hommes de troupe ont été tués, une vingtaine environ blessés, et il laissait également entre nos mains 4 officiers, 33 cavaliers et 41 chevaux.

Le général Margueritte, qui n'a reçu aucun ordre pour occuper Pont-à-Mousson, apprenant, en outre, que de nombreuses colonnes d'infanterie allemande commencent à garnir les coteaux voisins et qu'un corps de 30.000 hommes s'avance rapidement sur la ville, rallie ses chasseurs d'Afrique sur la place Duroc, et, après avoir fait suffisamment reposer et manger tout son monde, il quitte le théâtre de son brillant exploit, reprenant la route de Metz, où il rallie, aux portes de Pont-à-Mousson, le 3º chasseurs d'Afrique, qui est resté en soutien pendant tout le combat.

Tel fut ce brillant engagement, qui fit le plus grand honneur aux chasseurs d'Afrique du 1ᵉʳ régiment. Il démontre, comme les deux précédentes escarmouches, que, en matière de vigueur, d'impétuosité et d'entrain, nos cavaliers étaient évidemment supérieurs à leurs adversaires et que, mieux utilisés, ils eussent rendu les plus signalés services et continué la série des glorieux succès qui fit, à leurs aînés du premier Empire, une si juste et si remarquable réputation.

NEUVIÈME RÉCIT

Escarmouches de la Division de cavalerie de Forton.

———

(15 août 1870.)

Le 14 août 1870, à 1 heure de l'après-midi, la division de Forton (3e de la réserve de cavalerie de l'armée), composée des 1er et 9e dragons (brigade Murat) et des 7e et 10e cuirassiers (brigade de Grammont), recevait l'ordre de quitter Montigny-lès-Metz, où elle campait depuis le 9 août, pour former l'avant-garde de l'armée commandée par le maréchal Bazaine et destinée à opérer sa retraite sur Verdun.

Après avoir franchi la Moselle sur un pont de bateaux, elle s'engage sur la vieille route de Metz à Verdun, mais, eu égard à l'encombrement de la route, n'arrive à Gravelotte que vers 8 heures du soir, n'ayant fait dans toute sa journée qu'une douzaine de kilomètres. Le bivouac est établi en avant du village, à 200 mètres environ de la route et sur la gauche, le 1er dragons en arrière du 9e et la brigade de cuirassiers couverte par celle des dragons. La nuit se passe tranquillement, et le lendemain matin, au petit jour, on monte à cheval pour pousser une forte reconnaissance dans la direction de Mars-la-Tour, où la cavalerie ennemie vient d'être signalée. Le 1er dragons est en tête et détache en avant de lui deux pelotons en éclaireurs. A 2 kilomètres de Mars-la-Tour, près du village de Vionville, des fourrageurs allemands sont en vue ; les deux pelotons du 1er dragons partent alors au grand trot, se dirigeant droit sur eux ; mais ceux-ci ne les attendent pas : prestement ils font demi-tour et se sauvent au galop, poursuivis, le sabre dans les reins, par nos braves soldats.

Un instant après, le 1er dragons, qui pousse toujours de l'avant, vient donner dans un régiment entier de uhlans, qui n'attend pas non plus son choc et se replie précipitamment. Alors, sur l'ordre du colonel Forceville, ses dragons se déploient en fourrageurs et commencent à donner une chasse acharnée aux escadrons ennemis, qu'ils rejettent jusque sur le village de Puxieux, à gauche et près de Mars-la-Tour.

A la vue de la charge française qui avance au galop, deux nouvelles colonnes de cavalerie prussienne sortent des bois situés en arrière de ce bourg et se portent, cette fois, à la rencontre du 1er dragons. Se sentant soutenus par ce puissant renfort, les uhlans font volte-face et se préparent à leur tour à prendre l'offensive. En même temps, deux pièces d'artillerie légère arrivent au grand trot, se mettent en position et commencent le feu sur nos dragons.

Il faut alors songer à la retraite, car, n'ayant pas d'artillerie à opposer à l'ennemi, le prince Murat, qui commande la brigade composée des 1er et 9e dragons, ordonne à ceux-ci de se replier par échelons jusqu'au bivouac de la veille. Ce mouvement en arrière, bien qu'accompagné par une intense canonnade des Allemands, s'effectue avec le plus grand ordre et sans pertes sensibles.

Un épisode assez intéressant et digne d'être mentionné dans ces souvenirs a eu lieu dans la première partie de cette action.

Le sous-lieutenant Vacquier du 9e dragons, officier d'ordonnance du général prince Murat, avait été envoyé par ce dernier porter des ordres à un escadron qui manœuvrait dans la plaine, lorsque, arrivé au détour d'un bois, il est assailli par une dizaine de cuirassiers prussiens.

Quoique seul et loin de tout soutien, le jeune officier n'hésite pas une seconde à se défendre, et, acceptant résolument la lutte, il commence à frapper d'estoc et de taille sur ses nombreux adversaires, et, par de terribles moulinets, il arrive à les maintenir à bonne et prudente distance. Deux, déjà, sont tombés sous ses coups et les autres semblent reculer, lorsque le chef qui les commande, apercevant les aiguillettes d'or du jeune sous-lieutenant et sachant qu'il a affaire à un officier d'ordonnance, porteur, sans aucun doute, d'ordres importants, excite ses soldats, en leur faisant entendre quelle bonne prise serait celle de ce courageux aide de camp.

Mais l'intrépide Vacquier a deviné ce que recommande l'officier prussien à ses hommes; bondissant d'un furieux élan vers lui, à travers les cavaliers qui l'entourent, il lui décharge un coup de revolver en pleine poitrine et l'étend sans vie à ses pieds; mais, au même instant, il reçoit, à son tour, un coup de feu et deux coups de sabre qui le renversent à bas de son cheval.

C'en est fait de sa vie, car les cuirassiers blancs, le voyant à terre, se sont rués sur lui et vont le clouer au sol, lorsque, soudain, à l'angle du bois, apparaissent cinq cavaliers portant la tunique bleue des dragons français. C'est le maréchal des logis Ledoux, du même régiment, qui, au bruit de la lutte, est accouru avec quatre cavaliers.

A leur vue, les cuirassiers blancs tournent bride, emmenant avec eux leur officier mortellement atteint et leurs deux camarades blessés, ainsi que le cheval du sous-lieutenant Vacquier. Le maréchal des logis Ledoux, allant au plus pressé et dédaignant de poursuivre l'ennemi en fuite, s'empresse immédiatement auprès de son brave officier; il le fait placer, aidé par ses dragons, devant lui sur son cheval et le ramène au campement à demi évanoui, mais échappé néanmoins à une mort certaine.

Ce double acte de courage d'une part et de dévouement de l'autre valut, quelques jours plus tard, la croix de la Légion d'honneur au sous-lieutenant Vacquier et la médaille militaire au maréchal des logis Ledoux.

Le soir, à 5 heures, toute la division de Forton est portée sur Vionville, où elle établit son campement. Pendant toute cette journée du 15 août, elle s'est très bien comportée, allant toujours de l'avant, ne quittant pas d'une seconde le contact avec l'ennemi et donnant des preuves incontestables de bravoure, d'entrain et de solidité. Nous retrouverons, le lendemain 16, cette belle division dans la plaine de Rezonville, où nous la verrons infliger à la cavalerie adverse un cruel et terrible échec.

DIXIÈME RÉCIT

Le 3ᵉ Chasseurs d'Afrique au combat de Jarny.

———

(15 août 1870.)

..... Le 15 août, vers 7 heures du matin, le général du Barail, commandant la division de chasseurs d'Afrique, qui, comme on le sait, appartient à la réserve de cavalerie de l'armée, reçoit l'ordre de se porter sur Jarny pour appuyer les mouvements en avant de la division de Forton. Immédiatement, le général fait sonner le boute-selle à ses escadrons et se dirige sur le point désigné, où il arrive au moment précis où la brigade de dragons du prince Murat, canonnée par l'artillerie allemande, se replie en bon ordre sur Vionville. La division de chasseurs d'Afrique tourne alors bride à son tour, rompt par quatre et se rabat sur Jarny, où elle a laissé ses bagages.

Arrivés à un kilomètre environ des premières maisons de ce village, les chasseurs mettent pied à terre et se disposent à faire la grande halte avant de regagner Doncourt, qui vient de leur être désigné comme campement de nuit.

Le convoi, disposé en file sur la route, est également au repos, protégé par les 1ᵉʳ et 2ᵉ escadrons du 3ᵉ régiment, qui, sous les ordres du commandant Domman-

geon, se trouvent à 300 mètres en avant de la première
brigade (général Margueritte).

Les soldats viennent de donner l'avoine à leurs chevaux, de casser rapidement une croûte et s'apprêtent
à partir, car le convoi doit prendre l'avance sur la colonne, lorsque, tout à coup, une reconnaissance de cavalerie ennemie débouche de Jarny. A leurs schaps-
kas écrasés, à leurs fourragères de laine jaune, à leur
ulanka vert sombre, on reconnaît en eux les uhlans
du 16e régiment de la brigade Bredow.

A la vue des chasseurs d'Afrique, suffisamment
nombreux, les cavaliers allemands font aussitôt demi-
tour ; ils se contentent de tirer au hasard, sur nos escadrons au repos, quelques coups de mousqueton et
repartent au galop. Mais nos chasseurs des 1er et
2e escadrons du 3e régiment, qui se trouvent en tête de
la colonne, ont déjà sauté en selle et se lancent à franche allure à la poursuite des uhlans de Bredow. La
chasse est on ne peut plus vive et animée. Excellem-
ment montés, les cavaliers allemands, qui ont une
certaine avance sur nos « chasse marais », ne se laissent pas aisément rejoindre ; furieux de ne pouvoir les
atteindre, un certain nombre de nos soldats décro-
chent leurs chassepots et tirent à pleine volée sur l'escadron prussien, dont quelques cavaliers, mortellement atteints, vident alors les arçons. Bientôt, les
Allemands disparaissent dans un bois ; mais nos chasseurs, couchés sur l'encolure de leurs petits arabes, la
lame au poing, les poursuivent dans les taillis, dans
les clairières, à corps perdu, sans trêve ni merci.
Quelques instants se passent : on ne voit plus rien,
uhlans et chasseurs d'Afrique ont également disparu ;

mais, tout à coup, on voit reparaître les Allemands, qui, sortis du bois, grimpent à la plus vive allure les pentes d'un plateau assez raides à gravir. Nos soldats, cette fois, les suivent de plus près, et certains groupes ennemis sont même rejoints par eux et obligés d'engager le combat.

Ici se placent quelques épisodes intéressants. Le sous-lieutenant Badenhuyer, du 2⁰ escadron, qui est monté sur un cheval ayant un fonds extraordinaire, s'efforce de couper la retraite à un gros de uhlans. Ceux-ci l'entourent en un clin d'œil ; mais d'un moulinet rapide il les écarte et s'élance sur un jeune officier allemand qui dirige ce groupe, lui balafrant le visage d'un superbe coup de taille et lui criant :

— Tiens ! mon vieux, va porter cela à Berlin !

— Assassin ! réplique l'Allemand.

Puis, tout sanglant, il se jette sur le lieutenant Badenhuyer ; mais celui-ci, sans attendre son choc, lui traverse la poitrine d'un coup de revolver et l'étend sans vie sur sa monture, qui l'emporte inanimé dans un furieux galop.

Sur un autre point, trois uhlans isolés débouchent d'un bouquet de bois ; un chasseur se porte aussitôt à leur rencontre et n'hésite pas à engager avec eux une lutte corps à corps. La mêlée dure depuis quelques minutes, lorsqu'un détachement de chasseurs d'Afrique apparaît donnant la chasse à un gros de cavaliers ennemis. Deux des uhlans abandonnent alors la partie, laissant leur camarade aux prises avec le brave chasse-marais ; mais celui-ci vient de culbuter dans un fossé et va laisser échapper son adversaire, lorsqu'un jeune lieutenant d'état-major, M. Bailloud, survient au galop et, faisant franchir d'un bond le large fossé à sa monture, va de l'autre côté saisir le uhlan et le fait prisonnier aux bravos enthousiastes des quelques témoins de cet acte de vigoureuse crânerie.

Cependant, dans cette acharnée poursuite où maint épisode de ce genre se reproduit, les chasseurs d'Afrique se sont dispersés et courent le risque d'être, à leur tour, ramenés par un ennemi nombreux et compact. Le colonel de Galliffet, qui a, à son côté, son trompette d'ordonnance, le chasseur Noll, vieux brisquard d'Afrique, d'Italie et du Mexique, lui ordonne de sonner le ralliement. Celui-ci exécute cet ordre, rejette ensuite son instrument en arrière et, tirant le sabre à son tour, se précipite sur trois uhlans qui passent en fuyant devant lui ; en un instant, il abat à coups de pointe les deux premiers, mais le troisième, d'un formidable coup de lance, traverse complètement l'encolure de son cheval ; Noll roule sous sa monture et la partie va devenir grave pour lui, lorsque quelques camarades arrivent à la rescousse et font prisonnier le uhlan.

Enfin, nos cavaliers, animés par la lutte, arrivent à grand'peine à se reformer, ramenant au milieu d'eux une quinzaine de prisonniers. Une soixantaine de uhlans ont été, en outre, tués ou blessés et, de tout cet escadron allemand, il ne s'échappe que quelques hommes. De notre côté, le seul blessé, était le cheval du trompette Noll. Aussi, les chasseurs du 3e ont-ils plaisamment appelé cette brillante escarmouche le *combat de Jarny-Sans-Coton*.

ONZIÈME RÉCIT

Les charges du 3ᵉ Lanciers et des Cuirassiers de la garde sur les pentes de Flavigny.

Bataille de Rezonville (1). **(16 août 1870.)**

A 9 heures du matin, au moment où l'armée française allait reprendre son mouvement de retraite sur Verdun, une violente canonnade retentit tout à coup vers les villages de Vionville et de Mars-la-Tour, devant lesquels stationne, depuis la veille, la division de cavalerie de Forton, qui forme la tête de colonne de l'armée. C'est une attaque inopinée de l'artillerie de la 5ᵉ division de cavalerie prussienne, qui vient surprendre nos régiments d'avant-garde et jeter au milieu d'eux et du convoi qu'ils doivent escorter une folle panique que leurs généraux ont toutes les peines du monde à arrêter. Enfin, la division de Forton, reconstituée, se replie et va se placer derrière le 6ᵉ corps, qui vient de prendre les armes et de se déployer en bataille pour contenir la vigoureuse offensive de l'ennemi.

---

(1) C'est grâce à l'aimable et courtoise obligeance de MM. les colonels Villeneuve de Vittré, commandant le 15ᵉ dragons (ex-3ᵉ lanciers), et de Benoist, commandant le 12ᵉ cuirassiers (ex-cuirassiers de la garde), qui ont bien voulu nous donner en communication les pages émouvantes consacrées dans le Livre d'or de leurs régiments respectifs à ces vaillantes chevauchées, que nous pouvons en donner ici le plus complet et le plus sincère récit.

Il est alors près de 10 heures, et la bataille, une des plus acharnées, une des plus sanglantes de ce siècle, commence avec une redoutable violence et une rare intensité. Le 2e corps, qui est le plus rapproché de l'ennemi, se met promptement en position de combat : la division Bataille face à Flavigny et Vionville ; la division Vergé, plus au sud, vers les hauteurs, en face de Gorze, se reliant à la brigade Lapasset, qui présente, aux débouchés du bois de Saint-Arnould, sa première ligne, formée du 84e de ligne et de la batterie Dulong, et, derrière celle-ci, sa seconde ligne, composée des 97e de ligne et 3e lanciers.

A 11 heures, le IIIe corps allemand et une partie du Xe prennent vigoureusement l'offensive du côté de Flavigny et de Vionville, protégés qu'ils sont par leur nombreuse et redoutable artillerie ; sur toute la ligne de bataille, qui s'étend alors de Saint-Marcel à Gorze, en passant par Villers-au-Bois, Rezonville, Vionville et Flavigny, la voix puissante et formidable du canon se fait entendre, car, aux batteries ennemies, les nôtres répondent vigoureusement et non sans succès.

Pendant plus de deux heures, le 2e corps tient en échec les masses allemandes des IIIe et Xe corps, favorisant ainsi le déploiement de notre 6e corps ; mais, finalement, les troupes des divisions Vergé et Bataille, débordées, serrées de toutes parts, ne recevant aucun appui, aucun renfort, commencent à ployer et à abandonner, sous la poussée des nombreux bataillons prussiens, les villages de Vionville et de Flavigny, qu'ils ont si longtemps et si courageusement défendus.

C'est alors que, voyant nos troupes se replier en

arrière, l'infanterie allemande prépare un vigoureux mouvement offensif sur Rezonville, qui est et restera, ce jour-là, la clef de notre position. Le maréchal Bazaine, qui se trouve à ce moment au centre des régiments décimés et disloqués du 2ᵉ corps, comprend la gravité de la situation : « Il faut, dit-il, arrêter absolument l'ennemi, dût-on pour cela sacrifier un régiment. » Et, par ses ordres, le 3ᵉ lanciers est prévenu de charger immédiatement, en même temps que le régiment de cuirassiers de la garde est averti qu'il va appuyer le mouvement des lanciers.

Aussitôt, les régiments désignés montent à cheval, prennent leur ordre de déploiement, par escadrons en bataille, et les colonels commandent successivement : « Par demi-régiment, changement de front sur l'aile droite, au galop, marche ! »

Le 3ᵉ lanciers s'élance le premier, en avant et à gauche des cuirassiers. De nombreux accidents de terrain jettent, dès le début de la charge, quelque désordre dans les rangs ; mais, arrivés sur la crête, d'où l'on aperçoit l'ennemi, les escadrons se reforment et se précipitent de nouveau sur l'infanterie allemande avec le plus magnifique entrain. Le 1ᵉʳ escadron (capitaine Hydien) et le 2ᵉ (capitaine de Rasac), guidés par le lieutenant-colonel Wolbert, suivent le colonel Torel, qui se dirige droit sur des compagnies prussiennes qui viennent de se former en carrés. La charge est bien menée, les deux escadrons conservent une grande cohésion, les lances baissées présentent un superbe alignement, et tout fait prévoir que rien ne résistera à cet ouragan discipliné. Les Allemands ouvrent alors un feu des plus vifs sur nos

cavaliers ; mais cette fusillade n'entame que légèrement les rangs du 3ᵉ lanciers, qui souffre, en revanche,
beaucoup plus de la grêle de projectiles que lui envoie,
sans discontinuer, l'artillerie ennemie. Un obus éclate
entre le colonel et le front du 1ᵉʳ escadron. Le capitaine
adjudant-major Chelin est atteint à la tête, le capitaine
commandant Hydien en pleine poitrine, le maréchal
des logis trompette Gouvenel, qui se trouve à côté du
colonel, est blessé à l'avant-bras droit, le brigadier
Paul au talon, enfin le maréchal ferrant Coupey a le
pouce gauche enlevé. Nos lanciers avancent toujours.
Malheureusement, la direction change peu à peu et
incline trop à droite, de sorte que, seule, une partie
du 2ᵉ escadron vient donner sur l'angle du carré qu'on
voulait enfoncer. Entraînés à toute vitesse, les deux
escadrons dépassent les fantassins ennemis, dont ils
franchissent les lignes à bride abattue, jouant de la
lance et du sabre, et clouant à terre des groupes de
soldats allemands qui se sont jetés à plat ventre pour
éviter leur choc. Mais, à leur tour, ils sont pris en
flanc par une meurtrière fusillade et obligés à la
retraite. Le colonel Torel, qui montre en ces circonstances le plus intrépide sang-froid, rallie ses escadrons désunis et se remet à leur tête, lorsqu'une balle,
atteignant mortellement son cheval, le fait rouler sur
le sol ; mais aussitôt le maréchal des logis Barbier,
mettant pied à terre, lui offre sa monture, et les
lanciers se replient, malgré la plus intense fusillade,
avec le plus grand ordre.

Pendant que les 1ᵉʳ et 2ᵉ escadrons accomplissent
avec un ardent courage cette vaillante et dangereuse
chevauchée, les 3ᵉ et 5ᵉ, entraînés par le commandant

Doridant, ont suivi le mouvement des deux premiers, mais ont aussi incliné beaucoup trop à droite, de sorte qu'ils viennent charger dans le vide et ne rencontrent que la mitraille ennemie, qui les décime cruellement. Disloqués, confondus, tournant en tous sens, sans direction précise, ces escadrons courent à un désastre certain, lorsqu'un énergique officier, le capitaine Brulin, parvient enfin à se faire entendre, commande le ralliement et, leur faisant exécuter le demi-tour, les ramène en arrière.

Dans ce mouvement de retraite, ces escadrons longeaient la route de Vionville à Rezonville, quand, tout à coup, un officier supérieur de l'état-major du maréchal Bazaine, nu tête, couvert de sang, l'épée à la main, arrive au galop et crie : « Au secours, les lanciers ! le maréchal est enlevé ! » Entraînés par leurs officiers, qui se portent aussitôt en avant de leurs pelotons, les lanciers partent au galop de charge et rencontrent, tout animés encore de la terrible lutte qu'ils viennent de soutenir, les hussards du 5e régiment, qui, d'escorte auprès du commandant en chef, venaient de faire payer cher aux hussards de Brunswick leur audacieuse tentative.

Un officier de ces hussards allemands se jette en ce moment dans les rangs de nos lanciers, qu'il prend sans doute pour des uhlans ; mais, s'apercevant de sa méprise à temps, il fait demi-tour et pique des deux vers les lignes ennemies. Vigoureusement poursuivi par quelques officiers du 3e lanciers, il ne doit son salut qu'aux jambes d'acier de son superbe alezan. Un autre lieutenant du même régiment est moins heureux : emballé par sa monture, il vient donner au milieu d'un groupe de zouaves de la garde, qui le criblent, lui et son cheval, d'une grêle de balles et les renversent tous deux inanimés et sanglants.

Après ces derniers épisodes, les 3e et 4o escadrons vont rallier le reste du régiment à hauteur de Rezon-ville. Le 3e lanciers n'aura plus à donner dans cette mémorable journée, où il a su faire largement ses preuves d'entrain et de vaillance. Ses pertes sont sen-sibles, mais auraient pu devenir beaucoup plus graves sans le sang-froid dont firent preuve, dans les mouve-ments transitoires de l'attaque à la retraite, quelques officiers du régiment, notamment le colonel Torel et le capitaine Brulin. Trois officiers étaient blessés : MM. de Razac, Hydien, capitaines commandants, et Chelin, capitaine adjudant-major. Le maréchal des logis chef Bernard, les brigadiers Petitjean, Chandron, Nallet et Beaumont, le trompette Gerbe, ainsi que 11 lanciers, étaient tués. Le maréchal des logis trompette Gou-venel, le maréchal des logis Ligier, le brigadier four-rier Gimel, le brigadier Paul et 12 cavaliers étaient blessés.

En réalité, étant donnés les dangers et les difficul-tés d'une charge lancée dans des conditions parti-culièrement difficiles, sur un terrain accidenté et constamment balayé par les projectiles ennemis, le 3e lanciers n'avait proportionnellement que peu souf-fert. Il n'en sera pas, malheureusement, de même pour les cuirassiers de la garde, qui, dans cette même charge et à quelques mètres de leurs frères d'armes, vont être cruellement décimés.

Nous allons, d'ailleurs, raconter, comme nous ve-nons de le faire pour le régiment qui précède, dans tous ses détails, dans toutes ses péripéties, cette charge héroïque, qui, moins connue que celles de Morsbronn et de Reischoffen, n'en est pas moins une des pages les plus émouvantes, les plus éloquentes du Livre d'or de l'arme des cuirassiers. Et l'on pourra juger, par les lignes qui vont suivre, quels superbes et vaillants soldats étaient ces fiers descendants des héros de Wagram, de la Moskowa et de Waterloo.

Le 3e lanciers venait de s'élancer vers les lignes ennemies lorsque le capitaine de La Pommeraye, de l'état-major du 2e corps, arrivant ventre à terre au régiment de cuirassiers de la garde, déployé en bataille en avant de Rezonville, et s'adressant au colonel Dupressoir, lui crie : « Colonel, voulez-vous appuyer le général Frossard, qui est dans une très mauvaise position? » Le colonel, obéissant alors aux instructions déjà reçues du commandant du 3e corps d'appuyer la charge du 3e lanciers, porte aussitôt ses escadrons en avant : les 6e et 4e en première ligne, les 3e et 2e en seconde ligne, enfin, en troisième ligne, le 1er escadron. Ces trois masses, déployées en bataille, se suivent régulièrement à 100 pas de distance.

Ici, laissons un instant décrire cette héroïque épopée par la plume éloquente du capitaine de Sainte-Chapelle, alors fourrier au 4e escadron des cuirassiers de la garde; on ne saurait mieux peindre les phases émouvantes et diverses d'une telle action.

« ..... Après s'être remis en bataille, les deux escadrons de tête (6e et 4e) avaient repris le galop. Nous ne voyions toujours rien, car les Prussiens montaient la contre-pente d'un plateau, tandis que nous descendions celle du plateau précédent. Nous

franchîmes le ravin, le ruisseau à sec et gravîmes la
côte. En arrivant au sommet, le terrain s'abaissant de
l'est à l'ouest, nous voyons droit devant nous le hameau de Flavigny en flammes, à environ 2.000 mètres,
et en deçà la plaine noire de Prussiens (à 1.200 mètres
de nous), sur plusieurs lignes irrégulières, mais se
suivant d'assez prêt.

» Spontanément, et d'un seul mouvement, toutes
les lames de sabre sont en l'air; les cris de : « Chargez! » et de : « Vive la France! Vive l'Empereur! »
partent de tous côtés, tant l'homme a besoin de joindre l'ivresse du bruit à celle du mouvement.

» Le terrain s'abaisse devant nous et les chevaux
tirent tant qu'ils peuvent sous cette nouvelle impulsion. Nous marchons d'ailleurs bien alignés et comme
sur le Champ de Mars; ce qui, de plus, décuple notre
ardeur, c'est que toute la première ligne prussienne
s'arrête à notre apparition et fait demi-tour au pas
gymnastique pour se replier sur ses réserves.

» Chaque temps de galop nous rapproche; nous
distinguons tous les détails d'uniforme, puis les
figures. Ils se forment en un groupe compact, s'ali-
gnant sur les trois côtés d'un triangle, c'est, du
moins, mon impression visuelle, et nous présentent
un front sensiblement égal à celui de l'escadron. Ils
apprêtent l'arme au commandement et debout. Nous
approchons toujours. Je prends ma direction sur l'angle du groupe qui forme la droite des Prussiens. Un
commandement allemand, et tous les fusils s'abais-
sent. Un léger frisson nous parcourt l'échine à l'idée
de l'inconnu qui va sortir de là. La salve attendue
éclate; c'est un soulagement pour nous. On ne voit

pas ceux qui tombent, nos chevaux ne ralentissent pas, mais les Prussiens ont disparu dans la fumée et leur feu à volonté se manifeste surtout par le carillon des culasses mobiles.

» Les Prussiens nous ont tiré de 50 ou 60 mètres; aussitôt après leur premier feu, je me suis senti débordé par mes voisins et je criais : « Marchez donc droit! » en tapant sur les chevaux à coups de plat de sabre. J'avais à mes côtés mon ordonnance, un vieux cuirassier picard nommé Pariset, qui avait été mon premier camarade de lit à mes débuts et, comme tel, me traitait assez familièrement. Cet homme me dit tranquillement : « Si vous aviez ce que j'ai, vous ne g...riez pas si fort! » Pariset avait une balle dans la hanche. Je n'eus pas même le temps de lui demander : « Qu'est-ce que tu as? » Nous étions déjà sur les baïonnettes et mon cheval tombait à l'extrémité postérieure de la face droite du groupe ennemi..... »

Telle est la première partie de cette vaillante charge, racontée par un témoin oculaire, qui, comme on vient de le lire, était aux meilleures places pour bien voir. Nous revenons maintenant à notre guide ordinaire, qui est, en cette narration, l'excellent *Historique du 12e cuirassiers*, du distingué capitaine R. de Place.

Le premier échelon des cuirassiers (4e et 6e escadrons) est conduit par le lieutenant-colonel Letourneur et le commandant de Sahuqué. Cette belle troupe aborde vigoureusement l'ennemi de front; mais, écrasée à bout portant par une effroyable décharge, elle s'abat en entier sur les baïonnettes prussiennes : tous ses officiers et ses sous-officiers restent sur le terrain.

Le lieutenant-colonel Letourneur est grièvement blessé d'une balle à l'aisselle ; le chef d'escadrons de Sahuqué, mortellement atteint, tombe comme un héros au milieu des rangs ennemis ; à ses côtés sont également tués le lieutenant Bonherbe, les sous-lieutenants Leclerc et Cornuéjouls, l'adjudant vaguemestre Fusch qui a laissé son convoi pour charger bravement à côté de son commandant, le maréchal des logis Scheffer, le brigadier fourrier Roblin.

Le lieutenant Barreau, le sous-lieutenant Faralicq sont blessés et faits prisonniers, et avec eux les maréchaux des logis Rémond, François, Garnier, Chabert, Barillot et de Sainte-Chapelle (1), dont les chevaux sont tués.

En outre, le capitaine commandant Thomas assez gravement atteint, traverse la ligne ennemie, suivi du capitaine en second Masson, du maréchal des logis chef Langlaude, blessé lui-même, et de quelques hommes restés à cheval ; cette poignée de braves se rallie comme elle peut en faisant le coup de sabre avec les hussards prussiens des 11e et 17e régiments, accourus de Flavigny au secours de leur infanterie. En tout, il reste 18 hommes intacts au 4e escadron.

Le 6e escadron n'est guère moins éprouvé : une partie des chevaux tombent dans un large fossé devant la compagnie ennemie de droite ; une terrible décharge désorganise le reste. Le capitaine commandant Roussange a son cheval blessé ; le capitaine en second Gudin tombe sous le sien et le sous-lieutenant Bauvin est blessé.

_____

(1) L'auteur du récit qu'on a lu plus haut.

Le second échelon, 2e et 3e escadrons, a suivi de près le premier, entraîné par le commandant de Vergès, à côté duquel galope le général du Preuil lui-même, qui charge la canne à la main. Pour éviter le sort des escadrons de tête, cet échelon prend un peu plus à droite; mais les chevaux du 4e escadron, blessés ou tués, qui encombrent le terrain, brisent son élan. L'ennemi a le temps de se reconnaître et concentre alors tout son feu sur ces nouveaux adversaires: à 60 mètres, la mitraille abat les rangs des cuirassiers et les confond dans un pêle-mêle indescriptible. Le lieutenant Boudeville et le sous-lieutenant Michaux sont tués; les capitaines Laborde et Barroy, les lieutenants de Crouy et de Fromessent sont blessés; les lieutenants Davesne et de Bourjolly ont leurs chevaux tués sous eux. Le chef d'escadrons de Vergès, blessé et démonté, remonte à cheval sous le feu et reprend la charge avec une poignée de cavaliers encore montés; mais ces braves soldats sont trop désorganisés pour avoir raison des groupes allemands compacts et nombreux.

Enfin, le 1er escadron, conduit par le colonel Dupressoir et le capitaine commandant Barénaut, se heurte à son tour contre la barrière sanglante de cadavres et est également très éprouvé. Le colonel Dupressoir et le capitaine en second Casadavant sont blessés, et la charge est encore disloquée, rompue, avant de joindre l'ennemi.

Il ne restait plus qu'à se rallier. Les débris des cinq escadrons, 200 hommes à peine, arrivent au point de départ, suivis et harcelés dans leur retraite par les 11e et 17e régiments de hussards allemands, qui achèvent lâchement les blessés et courent sus aux hommes démontés. Le 77° de ligne arrive enfin à la rescousse et dégage nos cuirassiers par une fusillade qui arrête net les cavaliers prussiens. Ce qui reste alors du beau régiment des cuirassiers de la garde se rallie en arrière de Rezonville et manœuvre le reste de la journée avec les carabiniers. A 8 heures du soir, à l'issue de la bataille, il se met au bivouac derrière le bois des Ognons. Ses pertes se décomposaient ainsi :

Officiers : 6 tués, 13 blessés.
Troupe : 33 tués, 80 blessés, 75 disparus.
Chevaux : 208 tués ou disparus.

Ces chiffres sont suffisamment éloquents pour qu'il soit utile de commenter cette charge héroïque, ni de discuter comment elle fut conduite. Ce qu'il y a de certain, c'est qu'elle fut exécutée avec la plus grande intrépidité, et, si elle ne vint pas à bout des trois groupes ennemis contre lesquels elle était dirigée, elle eut du moins les résultats qu'on en attendait : en attirant sur elle le feu de l'artillerie ennemie, elle permit à nos batteries de s'établir et de régler leur tir et arrêta, par sa fougueuse impétuosité, les progrès de l'ennemi, qui, de ce côté, ne gagna plus un pouce de terrain durant cette longue journée de lutte et d'efforts incessants (1).

(1) Voici d'ailleurs les belles paroles que consacrait à ces braves soldats, dans son ordre du jour, le général Desvaux, commandant la cavalerie de la garde :

« Les cuirassiers de la garde, sous les ordres du général du Preuil, ont fait preuve d'une grande intrépidité à l'attaque des carrés prussiens soutenus par une nombreuse artillerie, en avant du hameau de Flavigny. Un grand nombre d'officiers, de sous-officiers et de soldats ont péri dans cette lutte sanglante. La division de cavalerie de la garde conserve précieusement le souvenir de ces vaillants. »

On peut donc hautement affirmer que, le 16 août 1870, dans les plaines de Rezonville, le 3ᵉ lanciers et les cuirassiers de la garde ont bien mérité de l'armée et de la France et que leur belle conduite peut servir de noble et superbe exemple à leurs jeunes frères d'armes des 15ᵉ dragons et 12ᵉ cuirassiers, qui ont hérité des vaillantes traditions de ces deux corps aujourd'hui disparus.

DOUZIÈME RÉCIT

Surprise des états-majors du maréchal Bazaine et du général Frossard. — Brillante intervention des 5ᵉ Hussards et 2ᵉ Chasseurs.

Bataille de Rezonville. (16 août 1870.)

Dans notre précédent récit, nous avons incidemment raconté un épisode qui, s'il eût eu une autre conclusion, aurait pu influer d'une façon bien différente sur les opérations de la guerre franco-allemande. Cet épisode, c'est la surprise du maréchal Bazaine et de son état-major par la charge audacieuse des hussards marrons de Brunswick.

Le commandant en chef, dont l'influence se fit si néfastement sentir sur la malheureuse armée qu'il avait mission de diriger, disparaissant soudainement au début des opérations, c'eût été très probablement et le salut de cette même armée et celui de la France.

Bazaine, prisonnier le 16 août 1870 à 2 heures de l'après-midi, c'était à 8 heures du soir, une grande victoire remportée par nos troupes ; car son successeur tout naturellement désigné, le héros de l'Alma et de Magenta, le brave et loyal Canrobert, aurait vite compris que, au lieu de l'attitude purement défensive qu'exigea de son armée, pendant toute la durée de cette importante action, le commandant en chef, il

fallait, au contraire, profiter ce jour-là de notre réelle
supériorité numérique et de l'entrain de nos soldats
pour prendre une vigoureuse et imposante offensive.
La marche en avant de toutes nos troupes, vers
4 heures de l'après-midi, sur les positions allemandes,
eût décidé du succès et changé en une victoire dont
les suites eussent été incalculables une action à coup
sûr très brillante pour nos armes, mais en réalité
douteuse et que la retraite du lendemain transformait
fatalement en un irréparable échec.

En outre, en admettant même que l'issue de la
bataille fût, en cette occurrence, restée identique à
celle que lui imposa la volonté du maréchal Bazaine,
il est probable, pour ne pas dire certain, que la marche
sur Verdun, désirée par tous les généraux, eût été
reprise le lendemain avec une énergique impulsion.
Alors, au lieu de revenir sous Metz y subir une lente
et douloureuse agonie, l'armée de Lorraine eût rejoint,
dans les plaines Catalauniques, les troupes réorgani-
sées de Mac-Mahon, et toutes ces forces, réunies en un
solide et puissant faisceau, auraient livré à l'invasion
teutonne une grande bataille, qui eût certainement été
la suprême et décisive partie de cette terrible campagne. Victoire, elle délivrait la France de ses en-
vahisseurs ; défaite, elle nous aurait quand même
épargné les désastres et les hontes de Sedan et de
Metz.

Pour la réalisation de ces événements, en eux-
mêmes fort plausibles, il eût tout simplement suffi,
au moment de l'échauffourée dont nous allons raconter les diverses péripéties, que quelques houzards de
Brunswick eussent capturé, et cela leur était facile,

ce corpulent et brillant officier français, qui, isolé,
séparé des siens dans la bourrasque, galopait incons-
ciemment à leurs côtés. A coup sûr, cet événement,
très bizarre, d'un général en chef enlevé comme
le dernier des brigadiers de son armée, eût provoqué
chez nos adversaires des manifestations enthousiastes
et soulevé de vigoureux hourras, bien intempestifs
on l'avouera. Mais l'heureux destin qui, dans cette
malheureuse guerre, protégeait les Allemands jusque
dans leurs moindres actions, veillait, et ceux-ci né-
gligeaient de faire prisonnier le fatal personnage qui
devait, quelques mois plus tard, leur livrer, anémiée,
mourante, une des plus belles armées que jamais
nation ait mise en ligne.

Après cette digression, assez naturelle de notre part,
ancien combattant de Metz, qui avons vu de près de
tristes et cruelles choses, nous entrons dans le vif du
récit.

Pendant l'attaque, par notre cavalerie, de l'infanterie allemande des III° et X° corps, les 11° et 17° régiments de houzards de la brigade de Redern se tiennent
appuyés au hameau en flammes de Flavigny. Le chef
d'état-major général du X° corps, le colonel comte de
Caprivi (1), qui se trouve avec ces régiments, a suivi
les péripéties des charges de nos lanciers et de nos cuirassiers ; sur son invitation, les quatre escadrons du
11° houzards et les trois du 17° de même arme sont
lancés à la poursuite des cuirassiers de la garde, dont
la vaillante charge s'est brisée sur les carrés allemands. Au même moment, pour appuyer nos cava-

_____

(1) Grand chancelier, aujourd'hui, de l'empire d'Allemagne.

liers et surtout pour les dégager, le maréchal Bazaine ordonne à la 2ᵉ batterie à cheval de la réserve de la garde impériale (capitaine Donop) de se porter en avant et de commencer son feu sur une batterie prussienne qui tire avec une vive intensité sur les escadrons désemparés de nos braves cuirassiers.

Nos pièces se portent au galop sur l'emplacement que le maréchal lui-même vient de jalonner ; mais à peine ont-elles pris position qu'elles sont aperçues par deux escadrons du 17ᵉ houzards de Brunswick, qui se lancent aussitôt à bride abattue au milieu de nos canons et de nos artilleurs.

Sous cet ouragan imprévu, la batterie française, que dirige d'intrépides officiers, se défend avec le plus grand courage et la demi-batterie de droite peut se replier sans aucun dommage ; mais les trois pièces de la demi-batterie de gauche, qui n'ont pas encore fait feu, sont surprises avant qu'elles aient pu être rattachées à leurs avant-trains, et, malgré la vaillance désespérée de leur chef, le lieutenant d'Esparbès de Lussan, qui est littéralement haché à coups de sabre par les houzards prussiens, ces pièces tombent momentanément au pouvoir de l'ennemi.

Dans cette charge violente, les états-majors du maréchal Bazaine et du général Frossard, qui se trouvent très rapprochés de la batterie enveloppée, sont à leur tour entourés et bousculés par les cavaliers ennemis. Tous les officiers de ces états-majors sont obligés de mettre l'épée à la main et de se frayer passage à travers la nuée de Brunswickois qui tourbillonnent autour d'eux. Une furieuse mêlée s'engage où, parmi les nôtres, font preuve d'une rare intrépidité : les généraux Saget, chef d'état-major du 2° corps, et Gagneur, commandant l'artillerie; le lieutenant-colonel Gaillard, sous-chef d'état-major, qui s'est emparé d'un houzard allemand, mais a reçu, en opérant cette capture, un coup de sabre sur la tête qui l'a grièvement blessé ; les capitaines Destremau, Allaire, Le Mullier et de La Pommeraye, de l'état-major du 2° corps.

Pendant cette lutte, au milieu de ses officiers, qui font cercle autour de lui et jouent à qui mieux mieux de l'épée et du revolver, le maréchal Bazaine, calme, tranquille, regarde froidement et sans y prendre la moindre part l'échauffourée qui l'enveloppe entièrement. Tout à coup, les attelages de la batterie de la garde qui ont pu échapper aux houzards allemands, arrivant à fond de train au milieu des combattants, y provoquent une indescriptible confusion, entraînant dans leur retraite précipitée tout ce qui se trouve sur leur passage. Le maréchal est enlevé dans cet irrésistible tourbillon de canons, de cavaliers, d'attelages de toutes sortes, et le désordre est tel qu'il galope plus de cinq minutes botte à botte avec un sous-officier prussien suivi de quelques houzards, sans qu'aucun de ces Allemands ne songe à le faire prisonnier.

C'est alors que le 3° bataillon de chasseurs, qui se tenait à gauche de la route et à hauteur de Rezonville, attiré par le bruit de cette lutte et par les clameurs qui s'élèvent de ces groupes de cavaliers rentrant dans nos lignes en grappes désordonnées, arrive au pas gymnastique et commence un feu nourri et meurtrier sur les escadrons allemands, qui font alors demi-tour. Le maréchal Bazaine est ainsi dégagé, et avec lui un certain nombre d'officiers d'état-major appartenant pour la plupart au 2ᵉ corps.

Comme nous l'avons mentionné plus haut, trois pièces de l'artillerie de la garde étaient restées sur le terrain; les houzards brunswickois se disposaient à y atteler leurs propres chevaux afin de les traîner dans les lignes allemandes, quand surviennent au galop de charge les deux escadrons d'escorte du maréchal, qui étaient restés en arrière lorsque ce dernier s'était porté en première ligne pour installer la batterie de la garde. Ces deux escadrons (5ᵉ du 5ᵉ hussards et 1ᵉʳ du 2ᵉ chasseurs) viennent de voir le danger couru par les états-majors en même temps que les efforts des cavaliers ennemis pour emmener nos canons; ils arrivent alors comme une trombe sur les houzards allemands, le 5ᵉ hussards en avant, sabrant avec fureur et balayant tout devant lui. Une ardente et furieuse mêlée s'engage alors entre les hussards des deux nations, et les nôtres, à force d'intrépidité, d'entrain et de vigueur parviennent enfin à repousser leurs nombreux adversaires et à dégager les pièces compromises, qui, le soir, sont rendues à leur batterie par les soins du commandant Petit, du 3ᵉ bataillon de chasseurs.

Malheureusement, ce petit escadron du 5ᵉ hussards, si faible par le nombre, car il ne comptait environ que 75 sabres, et si vaillant par le cœur, a fait des pertes extrêmement sensibles, qui donnent une haute idée de son ardeur à la lutte.

Le capitaine commandant de Courtis a son cheval tué sous lui; démonté et environné d'un gros d'ennemis, il est fait prisonnier. Le capitaine adjudant-major Marchand est mortellement atteint d'un coup de mousqueton, et le capitaine Chaverondier a la mâchoire fracassée par une balle.

Le maréchal des logis chef de la Fougère, blessé de deux coups de sabre, a son cheval tué et tombe prisonnier comme son capitaine; le brigadier Lecone et le hussard Siméon, entourés de Prussiens, font une résistance désespérée avant de se rendre, et le cavalier Siméon ne demeure prisonnier qu'après avoir reçu onze blessures. Le brigadier fourrier Follenfant est tué, ainsi que 9 hussards; 14 sont en outre blessés et 28 chevaux sont mis hors de combat.

Le second escadron d'escorte du maréchal (1er du 2e chasseurs) arrive après les hussards du 5e : il se rue sur les cavaliers allemands du 11e régiment de houzards de Westphalie portant le dolman vert à tresse blanche et la culotte noire à passepoil également blanc. Les deux troupes, lancées à toute allure, se heurtent dans un choc terrible, et, de part et d'autre, un grand nombre d'hommes et de chevaux roulent dans la poussière. Surpris de cette rude attaque, à laquelle ils ne semblaient guère s'attendre, les escadrons ennemis ne tiennent pas, et, après un court combat à l'arme blanche, ils se replient précipitamment, salués par les salves bien dirigées de nos chasseurs du 3e bataillon.

De ce côté du champ de bataille, la lutte, après tous ces violents engagements de cavalerie, demeure un instant suspendue, et, quand la poussière et la fumée se sont dissipées, on aperçoit, dans la vaste plaine qui vient d'être le sanglant théâtre de tant de combats acharnés, de nombreux amoncellements de cadavres, d'hommes et de chevaux, où les houzards à *l'attila* marron et noir des régiments de Brunswick et de Westphalie se mêlent aux dolmans bleus et verts de nos hussards et de nos chasseurs.

Pour le malheur de son armée et plus encore pour celui de la France envahie, le maréchal Bazaine l'avait, ce jour-là, échappé belle. C'est, on ne saurait le nier aujourd'hui, la seule mais cruelle moralité qui puisse se dégager de ce rapide récit.

TREIZIÈME RÉCIT

La charge de la brigade de Bredow dite « la Chevauchée de la Mort ».

Bataille de Rezonville. (16 août 1870.)

Dans les récits qui précèdent, nous avons décrit, avec la plus complète exactitude, les divers engagements où notre brave cavalerie fut appelée, le jour de Rezonville, à donner la mesure de son courage et de son dévouement. Dans la présente narration, nous allons retracer un des plus émouvants épisodes de cette mémorable et sanglante action. C'est la charge de la brigade de Bredow à travers notre 6e corps, charge restée légendaire, en Allemagne, sous la funèbre appellation de : *la Chevauchée de la mort.*

Comme nos cuirassiers et nos lanciers l'ont fait sur les pentes de Flavigny, en luttant, avec la plus entière abnégation, le plus ardent courage, contre des carrés d'infanterie ou des batteries d'artillerie semant, à pleines volées, la mitraille et la mort, les cuirassiers et les uhlans de la brigade de Bredow vont également, avec un superbe esprit de dévouement et de sacrifice, s'immoler pour le salut de leur armée. On ne peut donc, en toute impartialité, que rendre justice à des adversaires qui surent si vaillamment combattre et si courageusement mourir pour leur devise nationale : *Für Gott und Vaterland !* Pour Dieu et la Patrie !

.....Il est alors 2 heures de l'après-midi. La ferme contenance de nos 2ᵉ et 6ᵉ corps, l'entrée en ligne de la garde impériale, ont non seulement empêché l'ennemi de s'emparer de la route de Mars-la-Tour à hauteur de Vionville et de déboucher sur nos derrières par les ravins de Gorze, mais encore permis à nos soldats de dessiner un vif mouvement offensif.

A cet instant de la journée, nos corps d'armée en première ligne, 2ᵉ, 6ᵉ et garde impériale, sont disposés en un angle aigu dont le sommet est le village de Rezonville et les côtés les bourgs de Saint-Marcel au nord et de Mars-la-Tour à l'ouest. Sur une crête dominant la voie romaine et allant perpendiculairement du bois de Villers à la route de Mars-la-Tour, a été établie, par les soins du maréchal Canrobert, une forte et imposante batterie, composée des 5ᵉ, 7ᵉ, 8ᵉ et 12ᵉ batteries du 8ᵉ d'artillerie, qui bat et contrebat les pentes de Flavigny, sur lesquelles sont adossés les bataillons allemands de la division de Buddenbrock, et leur fait éprouver des pertes sérieuses.

A plusieurs reprises, l'ennemi a bien essayé de déboucher des couverts où il se dissimule, mais chacune de ses tentatives est demeurée infructueuse devant la justesse de notre tir, qui, en un clin d'œil, fauchait impitoyablement ses têtes de colonnes dès qu'elles se montraient.

La situation devient assurément critique pour l'armée prussienne, qui, d'agressive qu'elle était au début de l'action, se trouve maintenant attaquée avec une violente intensité par nos troupes, supérieures en nombre à ce moment de la journée. Elle n'a plus en réserve ni un fantassin, ni un canon, et sa puissante artillerie a beau se multiplier et couvrir nos lignes d'une grêle de projectiles, elle ne parvient plus à arrêter la marche offensive de nos bataillons.

Un effort suprême paraît donc indispensable, et il ne reste plus aux généraux allemands qui ont pris l'initiative de cette action que d'essayer le dévouement de la seule réserve qui leur reste, la 5e division de cavalerie (général Kheinbaden).

Le général von Avensleben II, qui a le commandement suprême des troupes allemandes engagées jusque-là, appelle alors à lui les deux brigades de cette division et donne l'ordre à la 12e, commandée par le général de Bredow et composée des 7e cuirassiers et 16e uhlans, d'attaquer immédiatement le centre de nos positions et de désemparer surtout la meurtrière batterie qui exerce de si cruels ravages dans les rangs allemands.

Aussitôt cet ordre reçu, le général de Bredow, qui comprend l'étendue du sacrifice que lui impose les circonstances, avec cette stoïque et inaltérable soumission qui caractérise le soldat allemand du rang le plus infime jusqu'aux échelons les plus élevés de la hiérarchie, s'incline, salue de l'épée, et, piquant droit vers les escadrons de sa brigade, il les dispose immédiatement pour la terrible mission qu'ils vont avoir à remplir.

En première ligne, se déploie le 7e cuirassiers de Magdebourg (colonel von Schmettow); c'est un superbe régiment, composé de colosses montés sur de robustes mecklembourgeois et coiffés du casque d'acier légèrement écrasé portant pointe, jugulaire et aigle de cuivre; ils sont vêtus d'une tunique blanche au

collet, passepoil et parements jaunes, et recouverts
d'une cuirasse d'acier poli ; ils portent la culotte noire à
passepoil rouge se perdant dans une longue botte dite
brandebourgeoise garnie d'éperons droits à la cheva-
lière. Pour armes, le sabre à lame droite et le pistolet.

En seconde ligne se placent les uhlans d'Altmark
nº 16 (colonel von Dollen), hommes de taille au-dessus
de la moyenne et portant avec aisance la *ulanka* (tunique) de drap bleu foncé, avec parements, collet et
passepoil bleu clair, pantalon noir avec passepoil bleu
clair et bottes à la hongroise. Pour armes, la lance à
flamme noire et blanche, le pistolet Dreyse et le sabre
recourbé.

Ces deux régiments comptent environ 800 cavaliers
en tout, et c'est cette faible troupe qui va essayer d'arrêter les progrès incessants de notre armée, en portant
au centre de nos lignes le désordre et la mort.

Le général de Bredow se met à leur tête, et, faisant
sonner à ses trompettes la vibrante sonnerie de la
charge, il lève son épée et, d'une voix rauque et gut-
turale, lance à ses escadrons le traditionnel : « *Vor-
vœrtz !* » La longue colonne de cavalerie, faisant par
pelotons à gauche, s'ébranle alors au grand trot et se
porte rapidement vers le ravin situé au nord de Vionville, afin d'avancer sur nos positions tout en se tenant
défilée de l'averse de nos projectiles. Ce ravin dépassé,
elle se déploie en lignes de bataille par échelons, le 7ᵉ
cuirassiers à droite et le 16ᵉ hulans à gauche, puis gagne, par un galop rapide, nos lignes d'infanterie et d'artillerie postées à l'est de Rezonville.

De notre côté, on a vu au loin ce déploiement de cavalerie, où flottent les flammes blanches et noires des

uhlans, où étincellent, à l'ardent soleil d'août, les casques et les cuirasses des cavaliers de Magdebourg. Puis, soudain, tout à disparu aux yeux de nos soldats anxieux, qui ne perçoivent plus que le bruit sourd et menaçant de l'orage prêt à fondre sur eux.

Dans cette alternative, le 93ᵉ de ligne, qui est de soutien à la grande batterie de la voie romaine, hésite un instant et reploie, pour faire face au danger inconnu qui menace, quelques-unes de ses compagnies en potence et vers le ravin, d'où montent des clameurs étranges, d'où s'échappe un nuage énorme de poussière. Un flottement analogue se manifeste également dans nos pièces de première ligne, les caissons sont ramenés au galop, les prolonges déployées, et un certain nombre de nos canons commencent à tout hasard un mouvement rétrograde. Il était temps : car, tout à coup, on voit apparaître, escaladant à franche allure les pentes du plateau, les lanciers d'Altmark et les cuirassiers de Magdebourg. En quelques minutes, toute cette cavalerie, galopant, hurlant, sabrant, est dans nos batteries, qu'elle désorganise complètement. Cependant, nos artilleurs qui s'attendaient à quelque soudaine et brusque attaque, ne semblent pas trop pris au dépourvu : ils défendent leurs canons en désespérés et parviennent à mettre la plupart d'entre eux hors de l'atteinte de l'ennemi.

Le 93ᵉ essaie bien quelques feux rapides ; mais l'impulsion des Allemands est telle que ceux-ci ne sont guère arrêtés par cette platonique fusillade ; ils traversent ce régiment au grand trot, sabrant et pointant tout ce qui se trouve sur leur chemin.

Le porte-drapeau de ce régiment, le sous-lieutenant

Labbrevoit, se voyant un instant seul, isolé et assailli par un groupe de uhlans, craignant pour son précieux dépôt, en détache vivement l'aigle et le cache dans sa tunique entr'ouverte, puis jette sous un monceau d'hommes et de chevaux renversés la hampe et la partie flottante, avec l'arrière-pensée de venir les retrouver après cette terrible bagarre (1).

La ligne du 93e dépassée, uhlans et cuirassiers continuent, à travers nos bataillons surpris, leur course effrénée et, dans un fol élan, franchissent le vallon qui sépare la voie romaine du village de Rezonville, où se trouve massée une partie imposante de nos forces.

Ici, fatalement, la scène va changer, car cette cavalerie, qui ne s'est assuré aucun soutien, aucune réserve, va se trouver tout à coup isolée au milieu de nos troupes et paiera cher son imprudente audace.

Au moment où la brigade de Bredow a commencé la charge, la division de Forton se massait en bataille aux abords de Rezonville, attendant le moment favorable pour entrer en action. A droite, se déployait la brigade du prince Murat (1er et 9e dragons) sur une seule ligne, tandis qu'à gauche s'établissait, sur deux lignes, la 2e brigade de Grammont (7e et 10e cuirassiers). En même temps, venaient se placer à gauche de la division de Forton les chasseurs et les dragons du général de Valabrègue; le 5e chasseurs, formant la gauche de cette ligne, était déployé légèrement en avant des autres régiments.

On peut juger, par cette rapide énumération, contre quelles forces imposantes et fraîches vont venir se

(1) Voir à ce sujet le chapitre suivant : *L'odyssée d'un drapeau.*

rompre et s'anéantir les régiments épuisés de la brigade von Bredow.

Tout à coup, continuant leur folle et hardie chevauchée, ils apparaissent aux yeux de nos escadrons en bataille, dégringolant, en une masse rapide, les pentes du vallon qui s'étend jusqu'aux premières maisons de Rezonville. En apercevant les superbes lignes de cavalerie française qui semblent les attendre de pied ferme, la brigade de Bredow s'arrête soudain, flotte un instant sur elle-même et paraît vouloir faire demi-tour. Mais le général de Forton l'a prévenue : il donne à ses escadrons le signal de la charge, et les dragons de la brigade Murat, s'élançant les premiers, tombent comme une trombe sur le front et le flanc gauche des régiments prussiens, où ils pénètrent comme un coin de fer, pointant et taillant dans le tas.

Les premiers rangs des escadrons Bredow, ainsi abordés en tête et en flanc, sont littéralement broyés. Une mêlée furieuse s'engage, dans laquelle les estocades de nos cavaliers ripostent victorieusement aux grands coups de taille des lourds cuirassiers de Magdebourg et aux coups de lance des uhlans d'Altmark. Ce terrible choc des dragons de Murat sépare la colonne ennemie en deux tronçons, dont le premier, talonné, poursuivi par nos cavaliers, va se heurter contre le 5ᵉ chasseurs de la division de Valabrègue. L'autre tronçon, composé en grande partie des cuirassiers blancs, essaie de regagner au galop sa ligne de retraite ; mais, pour cela, il lui faut défiler devant la brigade de cuirassiers de Grammont, que le général de Forton a tenue jusque-là en réserve.

C'est alors que le général de Bredow, qui comprend

combien devient dangereuse et critique sa situation, fait sonner à tout rompre le ralliement, afin de rassembler ce qui peut lui rester de ses escadrons désorganisés par la course et meurtris par la lutte; car, maintenant, il ne s'agit plus pour la brigade prussienne de marcher de l'avant, mais bien au contraire de s'ouvrir un chemin pour la retraite.

A ce moment même, le général de Forton prononçait le commandement si longtemps attendu par ses cuirassiers : « Pour la charge! En avant! » Un formidable hourra, s'échappant de mille poitrines, y répond, et le 7ᵉ cuirassiers en tête, suivi du 1ᵉʳ escadron du 10ᵉ, s'élance à toute vitesse sur les débris désemparés de la cavalerie allemande. Ce dernier choc est décisif. Le 7ᵉ cuirassiers de Magdebourg, abordé avec une vigueur inouïe par notre 7ᵉ cuirassiers, est refoulé avec le plus grand désordre.

Quant au 16ᵉ uhlans, poursuivi par les 1ᵉʳ et 9ᵉ dragons, il va donner tête baissée dans le 5ᵉ chasseurs à cheval d'abord, puis dans la brigade de dragons du général Bachelier (7ᵉ et 12ᵉ régiments). Là encore, une mêlée sanglante, terrible et décisive. Accablés, pressés, dans l'impossibilité absolue de se servir de leurs lances, les cavaliers allemands ne s'en défendent pas moins avec l'énergie du désespoir; mais les forces humaines ont des limites : exténués, épuisés, ils sont finalement écrasés par le nombre et hachés littéralement sur place.

En peu d'instants, cette belle brigade de Bredow, une des plus brillantes, des mieux entraînées de la cavalerie allemande, est anéantie ou presque et couvre de ses cadavres, hommes et chevaux, tout le périmètre compris entre Rezonville et le plateau de Villers-aux-Bois. Seuls, quatre-vingts uhlans environ et un nombre à peu près égal de cuirassiers blancs, mieux montés que leurs frères d'armes ou plus heureux, ont pu se frayer un sanglant passage à travers nos lignes et, haletants, à bout de forces, à demi morts, remonter les pentes de Flavigny et venir se reformer derrière les escadrons du 11e hussards, accouru pour protéger leur retraite. Tout le reste est tué, blessé ou prisonnier.

Les cuirassiers de Magdebourg perdaient 7 officiers, 220 cavaliers et 209 chevaux; le 16e uhlans, 9 officiers, 194 cavaliers et 200 chevaux. Le colonel von Dollen, de ce dernier régiment, était fait prisonnier. Nos pertes furent beaucoup moins sensibles, et cette différence s'explique surtout par la manière de combattre de nos cavaliers, qui pointent toujours et ne sabrent que rarement; les Allemands, au contraire, ne semblent connaître que le coup de taille, beaucoup plus apparent mais beaucoup moins dangereux que l'estocade.

La division Forton ne perdit que 12 cavaliers tués et 88 hors de combat; la division de Valabrègue eut 1 officier tué, M. de Nyvenheim, sous-lieutenant au 5e chasseurs, et 43 cavaliers blessés.

Telle fut, dans ses larges lignes, cette terrible charge, demeurée légendaire dans les mémoires allemandes, sous la sinistre dénomination de *la Chevauchée de la mort*. Beaucoup d'écrivains d'outre-Rhin ont prétendu, dans leurs études sur la guerre de 1870, que cette audacieuse et intrépide course des uhlans et des cuirassiers de de Bredow eut un résultat décisif sur les opérations ultérieures de la journée de Rezonville. Il y a dans ces assertions une erreur évidemment voulue. Ce qui est simplement vrai, c'est que cette charge, très bien conduite dès le début de son parcours, remplit à merveille sa mission en jetant un évident désarroi dans nos batteries et nos lignes d'infanterie de première ligne; mais sa courte durée (vingt minutes tout au plus) et sa fin désastreuse n'eurent sur l'ensemble de l'action qu'une influence fort éphémère. La charge terminée, nos batteries reprirent leurs anciennes positions et continuèrent avec plus d'ardeur que jamais leurs feux contre les masses ennemies qui débouchaient sans cesse de tous les points du champ de bataille. Quant à notre infanterie du 6e corps, si elle ne reprit plus, à partir de cet instant de la journée, une sérieuse offensive, ce fut uniquement la faute du maréchal Bazaine, qui lui interdit tout mouvement en avant, craignant sans doute qu'un avantage trop décisif ne contrariât ses fourbes et obscurs projets. Le procès de Trianon a, croyons-nous, démontré surabondamment l'exactitude de nos présentes conclusions.

La charge de la brigade de Bredow n'est donc, pour rester dans le domaine de la scrupuleuse vérité, qu'une vaillante action de guerre digne d'admiration et de pitié et rentrant dans la catégorie de tant d'autres semblables en dévouement et en courage. Voilà l'équitable et sincère déduction qu'on doit en tirer.

L'odyssée d'un drapeau.

Bataille de Rezonville. (16 août 1870.)

Dans le récit qui précède, nous avons raconté par quelles péripéties émouvantes le drapeau du 93e de ligne avait failli tomber aux mains des cavaliers de la brigade de Bredow. Enveloppé, entouré, le porte-aigle Labbrevoit n'avait eu que le temps de le dissimuler sous un monceau d'hommes et de chevaux renversés ; puis, bousculé à son tour, contusionné, il avait roulé sur le sol à demi évanoui, pendant que la bourrasque équestre passait au-dessus de lui et continuait sa course désordonnée à travers nos lignes pour venir finalement se broyer contre les divisions de cavalerie de Forton et de Valabrègue.

Revenu à lui, le sous-lieutenant Labbrevoit revient, accompagné de plusieurs soldats, pour rechercher le drapeau du régiment, dissimulé, comme on l'a vu plus haut, sous de nombreux cadavres. Mais ces braves gens ont beau se livrer aux plus minutieuses, aux plus ardentes investigations, soulever et retourner des monceaux de morts, l'étendard du 93e demeure introuvable. Le malheureux officier, fou de rage et de désespoir, veut à toute force se brûler la cervelle, et ce n'est qu'à grand'peine que plusieurs de ses camarades parviennent à lui arracher son revolver.

Mais le noble emblème du 93e n'est pas tombé entre les mains de l'ennemi, tout en l'échappant belle comme on va pouvoir en juger. A la fin de la charge, alors que les cuirassiers blancs et les uhlans d'Altmark étaient vigoureusement ramenés, un de ces derniers aperçoit, en passant auprès d'un groupe informe d'hommes et de chevaux renversés, l'extrémité d'un drapeau roulé dans un étui de toile cirée. Mettre pied à terre, ramasser ce trophée et remonter en selle n'est pour ce uhlan que l'affaire d'un instant.

Mais le cavalier allemand, sans doute tué dans le violent engagement qui suit, a laissé, à son tour, échapper sa glorieuse prise, et c'est un cavalier du 5e régiment de chasseurs, du nom de Mangin, qui, s'étant arrêté à la lisière d'un bois pour s'orienter, voit, lui aussi, gisant dans un sillon et reluisant sous l'éclat du soleil, un morceau de toile cirée roulée autour d'une hampe bleue. Il s'en saisit aussitôt et, reconnaissant dans ce paquet informe l'emblème sacré de l'un de nos régiments, il rejoint en toute hâte son escadron et, triomphant, présente le drapeau à son colonel M. de Séréville, pendant que ses camarades lui font une chaleureuse ovation.

Le colonel de Séréville, voyant que ce drapeau appartient au 93e de ligne, mais ignorant, dans la confusion d'une telle bataille, où se trouve ce régiment, donne l'ordre au chasseur Mangin de se mettre en quête de ce corps de troupe, afin de lui remettre son précieux trophée. Mangin part et, chemin faisant, rencontre un général entouré d'un brillant état-major. C'était le commandant en chef de la garde impériale, le général Bourbaki, qui, placé en avant de la maison de poste de Rezonville, jugeait, avec ses officiers, le tir d'une puissante batterie qu'il venait de faire établir en avant de ce village. Au milieu de la fumée, il aperçoit un chasseur à cheval, venant droit à lui, et portant, couché en travers du pommeau de sa selle, un drapeau tricolore, roulé, mais sans aigle ni cravate.

— Mon général, dit le chasseur Mangin, voici un drapeau que je viens de reprendre à l'ennemi. Comme j'ignore où se trouve le régiment auquel il appartient et qu'il pourrait m'arriver quelque accident en route, je crois ne pouvoir le remettre dans de meilleures mains que les vôtres.

Le général Bourbaki se fait raconter en détail l'incident, et, après avoir chaudement félicité le vaillant soldat pour son initiative, il prend lui-même le drapeau et le remet à son porte-fanion, le maréchal des logis Fremy, des chasseurs de la garde.

Dans la soirée, rencontrant le colonel Théologue, du 1er grenadiers, le commandant de la garde, qui le sait l'ami particulier du colonel Ganzin du 93e, le prie de vouloir bien lui faire remettre son drapeau. Le colonel Théologue accepte cette mission; mais, ne voulant pas avoir l'air de triompher avec un trophée à la reprise duquel lui et les siens sont complètement étrangers et jugeant, en outre, qu'il n'est pas utile d'ébruiter qu'un de nos drapeaux avait pu être — même un instant — enlevé par les Prussiens, il charge, le lendemain matin, un de ses sapeurs les plus sûrs, vieux chevronné décoré de la Légion d'honneur, de rapporter le drapeau, le plus discrètement possible, au colonel du 93e.

Il était environ 11 heures du matin, quand le sapeur du 1er grenadiers rejoignit le 93e. Ce régiment faisait

alors grande halte entre Saint-Hubert et Aman-
villers. Le vieux brave se dirige aussitôt vers le
colonel, lui tend le drapeau en faisant le salut militaire et lui dit : « Mon colonel, je crois que voilà quelque chose pour vous. » Fiévreusement, le colonel
Ganzin saisit l'étendard et, le reconnaissant pour sien,
donne une chaleureuse accolade au messager que lui
a adressé son collègue du 1er grenadiers; puis il fait
aussitôt sonner aux officiers et, se présentant à eux,
l'air radieux : « Messieurs, leur dit-il, une bonne nouvelle! Le drapeau est retrouvé, et si bien retrouvé que
le voilà! Qu'on rassemble immédiatement le régiment ! »

Le 93e se range aussitôt sur trois faces, par bataillons déployés; au centre, pâle d'émotion, s'avance le
sous-lieutenant Labbrevoit, portant le symbole sacré
du régiment, auquel il a rattaché l'aigle et la cravate.

A la vue de leur drapeau qu'ils croyaient à jamais
perdu, les soldats du 93e sentent un ardent frémissement courir dans leurs veines, et soudain, de tous
les rangs, s'élève une immense clameur : « Vive le
drapeau! Vive la France! »

Au même instant, tambours, clairons, musique battent et sonnent aux champs, les officiers élèvent leurs
épées, les soldats agitent leurs armes, et par leurs
enthousiastes vivats semblent prêter au noble insigne
de l'honneur et du devoir un nouveau et inébranlable
serment. La scène est vraiment imposante et grandiose,
et sur ces visages hâlés par le soleil, durcis par la
poussière, dont quelques-uns portent les traces toutes
récentes des sabres allemands, glisse plus d'une larme
silencieuse et furtive.

Voilà donc à la suite de quelle émouvante odyssée le drapeau du 93e, tour à tour caché, pris, repris, et passant dans nombre de mains, finit, enfin, par revenir à son vaillant régiment. Il eût d'ailleurs été fort regrettable qu'il lui fût enlevé, car, dans cette même journée de Rezonville, ce corps déploya les plus belles qualités militaires. Douze heures durant en première ligne, il tint les bataillons allemands en échec, et, le soir de la bataille, l'intrépide 93e comptait 26 officiers et 614 sous-officiers et soldats tués, blessés et disparus. Ces chiffres témoignaient assez de sa bravoure, bravoure dont le surlendemain 18 août il allait encore donner les preuves les plus brillantes dans l'immortelle défense du village de Saint-Privat.

QUATORZIÈME RÉCIT

Les charges des cavaleries française et allemande devant Mars-la-Tour.

Bataille de Rezonville. (16 août 1870.)

L'épisode militaire que nous allons retracer n'a pas eu, grâce au dessein bien arrêté du commandant en chef de l'armée française d'éviter à tout prix une victoire compromettant ses futurs projets, toute la portée qu'il aurait pu avoir dans cette grande journée du 16 août 1870. Mais il n'en reste pas moins une des plus formidables collisions de cavalerie de ce siècle. Car la rencontre de 9.000 cavaliers se heurtant, se sabrant et s'égorgeant pendant plus d'une heure sur un espace relativement restreint n'est pas chose ordinaire dans les annales militaires de notre époque, et il faudrait remonter aux héroïques prouesses du moyen âge pour en trouver l'équivalent.

..... 5 heures du soir. Le soleil commence à baisser à l'horizon et teinte de lueurs rougeâtres le vaste périmètre où, depuis 8 heures, évoluent et luttent plus de 200.000 combattants. L'infanterie de la brigade von Vedell vient d'être détruite par les bataillons du général de Ladmirault, ainsi que les dragons de la garde, qui s'étaient portés à son secours. La situation de l'aile gauche allemande devient de plus en plus critique et le général de Voigt-Retz, qui a la

direction des opérations de ce côté, va tenter un suprême et dernier effort pour dégager ses troupes des
mouvements offensifs de notre 4e corps.

Par son ordre, le général von Barby rassemble sous
son commandement tout ce qu'il y a d'escadrons
disponibles pour tenter sur notre extrême droite une
vigoureuse et décisive démonstration. Six régiments
de cavalerie entrent immédiatement en ligne. Ce sont :
en tête de colonnes, le 13e dragons ; puis ensuite, sur
le même alignement, les 19e dragons, 13e uhlans et
4e cuirassiers ; enfin, derrière, suivent le 10e houzards
et le 16e dragons. Toutes ces troupes sont appuyées
par la batterie légère von Platwitz, qui est allée se
porter immédiatement au croisement des chemins de
Jarny et de Ville-sur-Yron, c'est-à-dire en écharpe
sur notre flanc droit, et a ouvert un feu des plus vifs
sur nos troupes du 4e corps.

Le général de Ladmirault, voyant l'attaque qui menace son aile droite, arrive rapidement au flanc menacé, et, jugeant de suite le mouvement offensif que
prépare l'ennemi, il fait avancer trois compagnies du
5e bataillon de chasseurs et le 98e de ligne de la division Grenier, puis il va opposer au choc de la cavalerie ennemie qu'on voit s'avancer au lointain tous les
régiments de cette arme qu'il va pouvoir réunir. Mais
d'abord il lui semble indispensable d'éteindre le feu
de la batterie von Platwitz, et c'est alors qu'il donne
l'ordre au 2e chasseurs d'Afrique, qui se tient en réserve derrière l'infanterie de la division de Cissey, de
charger pour déblayer le terrain.

Ce brave et beau régiment d'Afrique, le seul que
possède l'armée de Metz, va donc inaugurer, de la

façon la plus brillante d'ailleurs, le gigantesque et sanglant carrousel dont le plateau d'Yron va devenir le théâtre.

Pour arriver à l'ennemi, il faut que le 2e chasseurs d'Afrique descende dans un énorme ravin presque à pic, franchisse un ruisseau profond et fangeux, remonte ensuite le revers opposé et débouche alors sur le plateau.

Ce mouvement difficile est néanmoins exécuté avec une admirable rapidité; le régiment, en colonne par pelotons, traverse au galop le ravin et le ruisseau, puis gravit à toute allure l'escarpement qui le sépare de l'ennemi, saute sur la route et arrive à fond de train sur la crête, d'où l'artillerie prussienne canonne nos lignes.

« Aux canons! » s'écrie le colonel de Lamartinière, et, faisant exécuter un à-gauche à ses quatre escadrons, il les lance sur la batterie ennemie. Les intrépides « chasse-marais » partent, la pointe du sabre en avant, et se précipitent, en poussant de frénétiques hourras, sur les canons allemands, qu'ils traversent en sabrant les artilleurs. La batterie dispersée, ils tombent comme une avalanche sur un escadron du 2e dragons de la garde servant de soutien à cette artillerie, l'enfoncent, le culbutent, puis vont donner, tête baissée, sur le 13e dragons de Schleswig-Holstein, qui marche en tête de la masse de cavalerie s'avançant sur notre aile droite.

La mêlée, entre ces deux troupes, admirablement entraînées l'une et l'autre, devient furieuse et sanglante; chasseurs d'Afrique et dragons de Schlesvig s'entretuent sans grâce ni merci. Le colonel de Lamartinière est blessé, mais reste néanmoins en selle, encourageant et dirigeant ses hommes de la voix et du geste. A ses côtés, tombent frappés à mort le lieutenant Brugière et le sous-lieutenant Bléthener. Le capitaine commandant Brouard et l'adjudant-major François sont blessés. 19 sous-officiers et cavaliers sont tués et 27 sont blessés.

Cependant, le gros de la cavalerie du général von Barby se précipite à son tour pour venir en aide au 13e dragons; mais, devant ces forces écrasantes, le 2e chasseurs d'Afrique cède le terrain et va rallier ses escadrons, rompus et désunis par la lutte, à l'angle d'un petit bois adossé à la route de Jarny : là il fait face à l'énnemi et ouvre contre lui un feu très vif de mousqueterie, qu'il interrompt au moment où la division Legrand entre en ligne.

En réalité, le 2e chasseurs d'Afrique avait atteint le but qui lui était indiqué en dispersant et en sabrant la batterie von Platwitz, qu'on ne revit plus de la soirée.

Pendant ce premier engagement, le général de division Legrand, qui commande la cavalerie du 4e corps, composée des brigades de Montaigu (2e et 7e hussards) et de Gondrecourt (3e et 11e dragons), ainsi que le général de France, commandant la brigade de ligne de la garde (lanciers et dragons), qui, revenant d'escorter l'Empereur sur la route de Conflans, arrivait sur ce point du champ de bataille, reçoivent tous deux l'ordre du général de Ladmirault de se disposer à l'attaque de la cavalerie allemande, qui semble vouloir déborder notre extrême droite.

La brigade légère (2e et 7e hussards) s'ébranle la

première, ayant à sa tête son vaillant chef, le général de Montaigu ; elle descend à toute vitesse le ravin, franchit le chemin de Jarny à Mars-la-Tour et aperçoit devant elle, à travers la poussière, un immense développement de cavalerie qui se tient immobile sur la crête du plateau d'Yron. Deux régiments sont déployés en bataille et, sur leur gauche et plus en arrière, viennent en masses serrées quatre autres régiments.

Derrière la brigade de hussards, s'avance le 3e dragons, à la tête duquel galopent les généraux Legrand et de Gondrecourt (le 11e dragons de la même brigade, resté en réserve derrière l'infanterie du 4e corps, ne prendra aucune part au combat); plus en arrière et suivant ce mouvement en avant, vient la brigade de France (lanciers de la garde et dragons de l'Impératrice).

Le moment décisif est arrivé; le général Legrand se lève alors sur ses étriers d'or, et, le sabre haut, se tournant vers ses régiments de hussards, il commande d'une voix éclatante : « Escadrons pour la charge, au galop... marche! » En même temps, les trompettes sonnent et tous les officiers de la brigade de Montaigu répètent le commandement : « Chargez! »

Aussitôt, les 2e et 7e hussards partent au galop sur l'ennemi, éloigné d'environ 700 à 800 mètres. L'entrain est admirable et, rapidement, la distance est franchie. Les officiers sont en première ligne, penchés sur l'encolure de leurs chevaux, les étriers chaussés jusqu'au talon, l'éperon au flanc, les rênes courtes, le sabre et une poignée de crin dans la main gauche, le revolver dans la main droite; ils entrent dans la muraille vivante qui leur fait face, enlevés, poussés, portés par les cavaliers de leurs pelotons.

Le choc est terrible et la rencontre sanglante. Les plus vigoureux et les mieux montés de nos hussards, le général de Montaigu en tête, percent et franchissent les rangs prussiens, qui se sont légèrement désunis pour gagner du terrain à droite. Les hussards du 7e régiment, qui forment l'aile gauche de la charge, traversent presque tous les intervalles agrandis des dragons de Schleswig, puis se replient sur eux, les poursuivant la pointe dans le dos.

Mais, alors, le 10e houzards prussien, devançant la masse de cavalerie ennemie qui s'avance lentement vers notre droite, accourt au galop pour soutenir le 13e dragons ébranlé. Il fond comme un ouragan sur la brigade de Montaigu, la refoule, puis, la débordant sur ses ailes, il la charge en flanc et en queue. De furieuse qu'elle était, la mêlée devient alors enragée, car les hussards des deux nations s'escriment avec le plus vigoureux acharnement, et les nôtres, bien que débordés, fatigués de leur longue course et pressés de tous côtés par de nouveaux adversaires, ne veulent pas reculer d'une ligne et se font hacher sur place.

Avec quelques cavaliers du 2e régiment, le général de Montaigu, qui a pénétré au plus épais des rangs ennemis, se bat comme le dernier de ses brigadiers. Frappé de deux coups de sabre à la tête, il est renversé de cheval. Démonté, il combat toujours en désespéré, ainsi que les hussards qui sont à ses côtés; mais, entourés, écrasés par le nombre, ces braves soldats, tous plus ou moins grièvement blessés, sont contraints de se rendre. Le général de Montaigu, ruisselant de sang, à bout de force, finit par tendre son épée, rouge jusqu'à la garde, à un jeune lieutenant allemand du 10e houzards, qui s'empresse de la prendre et de mettre en lieu sûr son brave et brillant prisonnier.

Dans cette brusque attaque des houzards allemands, le 2e hussards est très éprouvé, et, malgré tous les efforts de son chef, le colonel Carrelet, il ne peut se dégager et se rallier ensuite qu'au prix des pertes les plus sensibles. 23 officiers, sur 32 présents, sont plus ou moins grièvement atteints, ainsi que 82 hommes de troupe. Parmi les officiers frappés, nous citerons le chef d'escadrons Duplessis, le capitaine commandant de Maussion, qui meurt le soir même de ses blessures, le capitaine adjudant-major de Saran, les capitaines en second Gauthier et Esquer; les lieutenants Louat, de Monréal, de Saint-Martial, Weill, Emery et Lepennetier; les sous-lieutenants d'Astanières, Hainglaise, fils du général de ce nom, qui succombe quelques jours après de la gravité de ses nombreuses blessures, Longuet, Cuny, Dusseaux et Seroux.

Le maréchal des logis Leguen, vieux soldat ayant droit à sa retraite, meurt aussi, à l'hôpital de Metz, à la suite de trois amputations successivement causées par plusieurs coups de feu aux mains et aux poignets. Il vécut encore assez de jours pour pouvoir contempler, avant de mourir, le ruban de la Légion d'honneur, juste récompense d'une carrière sans reproches (1).

Le 7e hussards était également assez atteint; il perdait un officier tué, le sous-lieutenant Larbalétrier, et 8 autres blessés : le colonel Chaussée, qui avait

(1) *Historique du 2e hussards.*

reçu quatre coups de sabre; les chefs d'escadrons de Gaucourt et Lenormant de Kergré; le capitaine Klotz, les lieutenants Martin et Devols; les sous-lieutenants Flahaut et Fagot. 9 sous-officiers étaient hors de combat, ainsi que 42 brigadiers ou cavaliers.

Cependant, le général Legrand, qui se trouvait, comme nous l'avons mentionné plus haut, à la tête de ses dragons, voyant la brigade de Montaigu ramenée par des forces supérieures, s'élance à son tour dans la fournaise, avec les 3e et 4e escadrons du 3e dragons; à ses côtés ou immédiatement derrière lui, chevauchent son chef d'état-major, le colonel Campenon (1), le lieutenant d'état-major Voirin, son aide de camp, et le sous-lieutenant de Maëstre, du 7e hussards, son officier d'ordonnance. Tous ces intrépides officiers partent à la charge avec le plus superbe entrain, le général Legrand à 100 pas en avant de ses escadrons. Ceux-ci, à la suite de leur vaillant chef, traversent le large ravin d'Yron, et, sans se préoccuper de la masse d'ennemis qu'ils ont devant eux, ils se ruent, le sabre en avant sur la cavalerie prussienne, poussant leur charge à fond et abordant le 10e houzards, qu'ils culbutent complètement. Mais, à cet instant, ils sont à leur tour pris à revers par le 19e dragons d'Oldenbourg, qui vient d'arriver à la rescousse, et obligés de se replier. Dans l'horrible bagarre qui suit cette soudaine et brusque attaque, le général Legrand disparaît, entouré d'un gros d'Oldenbourgeois, il est séparé de ses officiers, renversé de cheval et finalement tué ou plutôt massacré, alors qu'évanoui il avait roulé au bas de sa

---

(1) L'ancien ministre de la guerre.

monture. Son corps ne fut retrouvé que dans la soirée, percé de coups et souillé de boue et de sang (1).

Le général de Gondrecourt, commandant la brigade de dragons, qui a suivi son vaillant divisionnaire, se voit, lui aussi cerné, entouré par une douzaine de cavaliers allemands. Il n'hésite pas. Piquant droit en avant, il sabre tout ce qui fait obstacle à son passage, et, grâce à son excellent cheval, il parvient à se débarrasser de ses nombreux adversaires. Un instant, un officier allemand veut l'arrêter; mais le général, le renversant d'un furieux coup de pointe, rejoint ses dragons en brandissant sa lame rouge de sang et en s'écriant : « Encore un qui n'embrassera plus sa Gretchen (2) ! »

---

(1) Qui a séjourné dans la province d'Oran dans les dernières années de l'Empire se rappelle certainement la belle et sympathique figure du distingué général Legrand, qui commandait, vers 1865, la subdivision de cette ville. Que de fois l'avons-nous rencontré sur les routes charmantes environnant cette gracieuse cité, à la tête de son escadron d'enfants, dont il dirigeait la manœuvre équestre avec l'aimable sévérité d'un vrai papa Gâteau.

Fils de ses œuvres, le général Legrand, engagé volontaire aux hussards de la garde royale en 1828, ne passait sous-lieutenant que neuf ans plus tard, en 1837, au 3ᵉ spahis, où il demeura jusqu'au grade de capitaine inclusivement. Chef d'escadrons au 2ᵉ chasseurs d'Afrique en 1850, il fut appelé, avec le même grade, en 1853, au régiment des guides de la garde que venait de former son ancien ami des spahis, le colonel Fleury. Il passa lieutenant-colonel à ce beau régiment, puis colonel au 5ᵉ cuirassiers. En 1860, il obtenait les étoiles de général de brigade et allait commander la subdivision d'Oran, qu'il quittait en 1868 pour prendre, en qualité de général de division, le commandement de la 11ᵉ division militaire à Perpignan. C'est là que le surprit la déclaration de guerre en 1870. Nommé au commandement de la cavalerie du 4ᵉ corps de l'armée du Rhin, le général Legrand devait mourir, à la tête de sa division, de la mort des braves. Bon et équitable, il laissa dans l'armée les plus vifs regrets, et son exemple peut servir de modèle irréprochable, car jamais vie de soldat ne fut plus droite, plus loyale et plus valeureuse.

(2) Dick de Lonlay, *Français et Allemands* (3ᵉ série).

D'un autre côté, le colonel Campenon avait rallié autour de lui le plus grand nombre de hussards et de dragons, et, quoique blessé par une balle au bras gauche, il continuait à charger et à maintenir l'ennemi. Sa belle conduite, durant cette terrible journée, lui valut d'ailleurs une citation à l'ordre de l'armée.

Dans cette nouvelle mêlée, le colonel Bilhau, du 3ᵉ dragons, est renversé de cheval et couvert de contusions, ainsi que son lieutenant-colonel M. Collignon, frappé de deux coups de sabre. Ces deux officiers supérieurs sont faits prisonniers.

Le capitaine adjudant-major d'Abel de Libran, blessé de dix-sept coups de sabre et d'un coup de lance, est laissé pour mort sur le champ de bataille et tombe dans les mains de l'ennemi.

Les 1ᵉʳ et 2ᵉ escadrons de ce régiment, qui n'ont pas encore donné, accourent à leur tour se mêler à l'ardente lutte et se précipitent sur les dragons d'Oldenbourg pour dégager leurs camarades des 3ᵉ et 4ᵉ escadrons. Mais, cette fois encore, après un combat acharné, nos cavaliers doivent céder au nombre, revenir en arrière et se reformer pour charger à nouveau. Ce régiment est assez éprouvé dans sa courte lutte. Indépendamment des colonel et lieutenant-colonel, faits prisonniers, il perd les capitaines commandants Bigarré et Peyron, qui, grièvement blessés tous deux, tombent aussi aux mains des Allemands ; le chef d'escadron Huyn de Verneville est blessé de trois coups de sabre, le capitaine adjudant-major Giraudon atteint de plusieurs blessures ; les lieutenants Declève, Mossier, les sous-lieutenants Lacroix, Sangouard, de Manonville, sont également hors de combat. Le sous-lieutenant Molinier est tué. Quant à la troupe, elle compte 17 tués et 41 blessés.

Pendant que se termine cette dernière charge, arrive enfin la brigade de France, dont l'intervention plus prompte aurait évidemment décidé l'avantage en notre faveur et transformé une sanglante et douteuse action en un succès réel et profitable. Les lanciers de la garde chargent les premiers et s'élancent très vigoureusement sur la cavalerie ennemie. Malheureusement, la gauche de leurs escadrons tombe dans la droite des régiments de la division Legrand, en train de se reformer, et y sème une fâcheuse confusion, pendant que le centre, abordant l'ennemi avec entrain, refoule ses premières lignes jusqu'à ses réserves les plus éloignées.

A ces nouveaux combattants, les Allemands opposent de nouvelles forces : le 13e uhlans hanovrien arrive à son tour à la rescousse et fond sur les lanciers de la garde, assez désemparés par leur bagarre avec les troupes de cavalerie des brigades de Montaigu et de Gondrecourt. Les lanciers sont en un clin d'œil débordés par les uhlans, qui les prennent en flanc, en même temps qu'il se trouvent assaillis par un escadron du 2e dragons royaux qui vient les surprendre en queue.

Sous ce double effort, le régiment de lanciers se replie et, à ces attaques multipliées, vient en outre s'ajouter, pour lui, une sanglante et fatale méprise qui doit encore augmenter ses pertes. Nous avons relaté plus haut qu'un grand nombre de ces cavaliers étaient venus donner dans l'aile droite de la division Legrand. Pris, avec leurs vestes blanches, pour des uhlans alle-

Chevauchées.   9

mands par le 3° dragons, ils sont attaqués et sabrés
sans pitié par les soldats de ce régiment, qui ne re-
connaissent que trop tard leur déplorable erreur.

Le colonel de Latheulade, qui commande le régiment, se multiplie pour sauver son monde. Atteint de
nombreuses contusions, heureusement sans gravité,
il essaie de rallier ses lanciers, quand un groupe de
dragons prussiens l'entourent et se jettent sur lui.
Sans perdre son sang-froid, le brave colonel commence par tenir tête à ses adversaires par un rapide
moulinet, en même temps qu'il s'écrie : « A moi lanciers ! A votre colonel ! » Son appel est heureusement
entendu par quelques-uns de ses braves soldats, qui
se précipitent à son secours et le dégagent vivement
de ses adversaires.

Enfin, le régiment, disloqué, meurtri, se reforme tant
bien que mal, mais après avoir constaté dans ses
rangs des vides nombreux et cruels. Deux officiers
sont mortellement atteints, l'un, le sous-lieutenant
Richet, tué sur place ; le second, le sous-lieutenant de
Neukirchen de Nyvenheim, blessé, et qui meurt de
sa blessure le 15 septembre suivant. Déjà, nous avons
vu que son frère, jeune officier au 5° chasseurs à cheval, avait été tué quelques heures auparavant dans
la charge de son régiment contre la brigade de Bredow.

Quinze autres officiers sont blessés. Parmi eux, nous
citerons le colonel de Latheulade, le chef d'escadrons
de Villeneuve Bargemont, les capitaines Castel, Poin-
fier, Moyret, Villard, de Maillanne, Boisdofré et
Leroy ; les lieutenants Marceron et Decormon ; les
sous-lieutenants Lamy, Perrot de Chazelles, Dubéar-

nès et Boquet. 20 sous-officiers et lanciers étaient tués;
une centaine étaient hors de combat ou disparus.

On voit, par cette éloquente énumération, quel
large tribut de dévouement et de sacrifice avaient
payé les lanciers de la garde à la patrie et à l'armée.

Mais poursuivons les péripéties de cette lutte homé-
rique jusqu'à son entière conclusion. Derrière les lanciers venait le beau et vaillant régiment des dragons
de l'Impératrice. Il se lance à son tour dans la terrible
bagarre, après avoir pris soin de faire auparavant un
feu nourri de ses chassepots sur les masses profon-
des de la cavalerie allemande. Cette meurtrière mousqueterie cause dans les rangs ennemis une certaine
confusion dont profitent nos dragons pour les charger
à fond. A leur tête marchent leurs intrépides officiers
supérieurs, le colonel Sautereau Dupart, le lieutenant-
colonel Boby de la Chapelle, les chefs d'escadrons de
Verninhac et de Louvencourt. Les dragons tombent à
leur tour sur les flancs des dragons hanovriens, déjà
ébranlés par la fusillade; ils les sabrent, les enfoncent
et viennent ensuite d'un seul bloc se broyer contre la
ligne encore intacte de deux nouveaux corps ennemis,
le 16e dragons et le 4e cuirassiers. Pour compléter cet
immense chaos de cavalerie, où tourbillonnent des
milliers d'hommes et de chevaux, arrive se joindre à
eux le 2e chasseurs d'Afrique, qui est reparti pour
la charge mais qui, pris dans la bagarre des cavaliers
de la garde, des dragons de Legrand et des houzards
de Montaigu, ne peut fournir aucune poussée efficace
et a toutes les peines du monde à se dégager des mille
étreintes qui l'enserrent de toutes parts.

C'est, en cet instant, un tumulte désordonné, un

tourbillon vertigineux dans lequel évoluent plus de
six mille cavaliers de tous costumes et de toutes armes, s'égorgeant, se tuant, se massacrant au milieu de
cris, de jurons, de hourras effroyables.

A partir de ce moment, il est impossible à l'histo-
rien de raconter nettement les diverses phases de cette
formidable lutte, auxquelles suffiraient à peine la
plume d'Hugo ou le pinceau de Neuville ; il n'y a plus
sur le terrible plateau que désordre et confusion. Les
dragons de l'Impératrice, qui sont arrivés en dernier
lieu, se trouvent au centre de cette indescriptible
mêlée, et, comme leurs frères d'armes les lanciers, ils
ont beaucoup à souffrir. Le colonel Sautereau est
blessé de deux coups de lance et n'échappe aux Allemands qui l'entourent que grâce à la bravoure et au
dévouement de l'adjudant-major Gauthier et de quelques-uns de ses dragons. Le lieutenant-colonel de la
Chapelle, le lieutenant Gosset et le sous-lieutenant
Bontemps sont tués raides. Le lieutenant Antonin, le
sous-lieutenant Bouteilles sont mortellement blessés.
Le capitaine Lyet, le lieutenant d'Angelo et le sous-
lieutenant Kalt sont blessés. Indépendamment de ces
pertes, le régiment comptait aussi 28 cavaliers tués et
33 blessés.

Enfin, de part et d'autre, cesse cette sanglante colli-
sion, quand, exténués, épuisés, hors d'haleine, couverts de sueur, cavaliers et chevaux se retirent peu à
peu, soit par petits paquets, soit isolément, de cette
lutte véritablement terrible. Les régiments se rallient
et se reforment, puis s'éloignent les uns des autres
comme par suite d'un accord tacite. Les escadrons
français repassent le fameux ravin qui borde le pla-

teau d'Yron et vont se reformer derrière l'infanterie
du 4ᵉ corps. De leur côté, la plupart des régiments
allemands s'éloignent dans la direction de Mars-la-
Tour, et le plateau témoin de tant de combats, de luttes
et de massacres, reste abandonné et couvert d'innombrables cadavres d'hommes et de chevaux. A l'heure
sombre du crépuscule qui tombe rougeâtre et sinistre
sur le terrible champ de bataille, ces sanglantes épaves attestent éloquemment l'acharnement et la violence de cette formidable action.

Le 13ᵉ dragons allemand, qui vient de se reformer,
fait mine de se reporter en avant pour inquiéter notre
retraite. Il s'avance au grand trot et va occuper la
crête du plateau. Mais la division de cavalerie du
3ᵉ corps, sous les ordres du général Clérembault,
arrive sur les revers des pentes d'Yron et prend, dès
son entrée en ligne, une attitude franchement offensive. Le 4ᵉ dragons, qui tient la tête de la division,
sous la conduite de son brave et distingué chef, le colonel Cornat, se lance en fourrageurs sur le 13ᵉ dragons prussien. Pris en flanc, les Allemands sont cul-
butés après un court combat où le capitaine commandant de Kerouartz blesse et désarçonne un officier
allemand, après un véritable combat singulier. Ce sont
les derniers coups de sabre de la journée, et l'honneur
en revient au 1ᵉʳ escadron du 4ᵉ dragons, dont la vigoureuse intervention détermine en quelque sorte
l'ensemble de cette longue et sanglante affaire en
notre faveur.

Quoi qu'il en soit, si les deux partis s'attribuèrent la
victoire dans ce redoutable conflit, il doit être juste de
reconnaître qu'elle n'appartint en réalité à aucun

d'eux. Du côté des Allemands, sans l'intervention de la division Clérembault, qui les fit reculer jusqu'à leurs anciennes lignes vers Mars-la-Tour, il est évident que la conclusion de la lutte leur était plutôt favorable; mais leur retraite finale ne peut, malgré les assertions de leurs historiens les plus autorisés, être considérée comme un signe de victoire. Quant aux Français, l'engagement successif et non coordonné de leurs diverses troupes contre les masses allemandes, plus nombreuses, mieux reposées et surtout mieux montées, ne pouvait leur assurer le succès. Le général de Ladmirault eut le tort de ne pas mieux disposer cette attaque, en massant d'abord toute la cavalerie qu'il avait sous la main, puis en la faisant ensuite donner tout entière et très vigoureusement contre les régiments du général von Barby.

Maintenant, quant au rôle d'ensemble joué dans la journée du 16 août par notre cavalerie, il a été des plus honorables et a surabondamment prouvé que celle-ci était toujours digne de son ancienne réputation. La destruction des régiments de Bredow et la furieuse mêlée que nous venons de relater dans ses lignes principales avaient contribué à établir nettement ce fait, c'est que jamais, pendant la guerre de 1870, pas plus à l'armée de Sedan qu'à celle de Metz, la cavalerie française n'a été battue par la cavalerie allemande.

QUINZIÈME RÉCIT

Combat de Buzancy.

(27 août 1870.)

Engagement du 12ᵉ Chasseurs contre le 3ᵉ régiment de Dragons saxon.

Ce combat, l'un des plus brillants de la guerre franco-allemande, a fait le plus grand honneur au 12ᵉ régiment de chasseurs ; aussi, pour ne pas en déflorer les multiples péripéties par des exagérations ou des erreurs de détail, nous prenons pour guide le récit très mouvementé, très vécu qu'en a fait notre distingué et sympathique confrère M. Ulric de Civry, directeur de l'*Echo de l'armée*, ancien sous-officier au 12ᵉ chasseurs et très brillant acteur dans cette belle action.

« Dans la nuit du 26 au 27 août 1870, le général de Failly reçut l'ordre de se diriger sur Bar-lès-Buzancy et de laisser au Chêne-Populeux ses bagages sous la garde d'un bataillon.

» Cette marche du 5ᵉ corps avait pour but de s'assurer si l'ennemi, signalé à Vouziers et à Grand-Pré, ne rétrogradait pas vers Stenay ou s'il continuait sa marche sur Paris.

» Le 5ᵉ corps s'ébranla à 4 heures du matin, sous une pluie pénétrante, qui n'avait cessé de tomber depuis la veille. Il était précédé de la cavalerie du général Brahaut.

» La tête de colonne venait d'arriver sur le plateau de Bar, en avant de Buzancy, et y faisait halte, quand un officier du grand quartier général apporta l'ordre de se replier sur les villages de Châtillon et de Brieulles.

» Avant d'exécuter cette contre-marche, le général de Failly voulut connaître l'épaisseur du rideau de cavalerie que ses éclaireurs lui signalaient dans la direction de la Meuse, et, pour se procurer des renseignements précis en faisant quelques prisonniers, il résolut de lancer une vigoureuse reconnaissance de l'autre côté de Buzancy.

» Mais cette reconnaissance ne tarda pas à prendre les proportions d'un véritable combat, ayant pour théâtre un champ de bataille digne des grands capitaines, pour intérêt des incidents glorieusement dramatiques, et pour témoins presque tout l'état-major et une partie du 5ᵉ corps.

» Depuis Reischoffen, c'était la première fois que l'armée du maréchal Mac-Mahon marchait à l'ennemi, et c'est à la porte même de Buzancy que devait avoir lieu cette première rencontre.

» L'action ne devait pas être, comme trop souvent dans cette triste guerre, une de ces luttes dans lesquelles des milliers d'hommes tombaient avant d'avoir pu aborder leurs adversaires.

» Ici, du moins, la cavalerie française allait se mesurer corps à corps avec la cavalerie allemande, et le courage personnel allait compter pour quelque chose.

» Buzancy, qu'entourait jadis une imposante ceinture de remparts et qui avait été déjà le théâtre de plus d'une bataille, est un lieu historique.

» Situé sur les confins du duché de Bar et du comté de Champagne, plus d'une fois il avait eu sa part dans les luttes que les événements suscitaient entre les deux princes voisins. Comme saisissant souvenir des croisades, il garde encore une mosquée en ruines, que Pierre d'Anglure, comte de Bourlémont et sire de Buzancy, avait bâtie à son retour de la Palestine : fidèle accomplissement d'une étrange promesse exigée par le sultan, dont il était prisonnier.

» Comme souvenir plus récent de sa grandeur évanouie, il montre, en guise de sentinelles postées sur l'emplacement d'un de ses anciens ponts-levis, deux lions gigantesques qui ornaient naguère à Lunéville le palais du roi de Pologne.

» Pittoresquement posé sur le versant de la colline de Bar, à la naissance même de la chaîne principale de l'Argonne qui détermine les versants de la Meuse, de l'Aisne et de l'Oise, arrosé par les eaux argentées de la petite rivière qui longe la vallée, ayant en face de lui le mont Civry avec ses grands bois, le joli bourg de Buzancy avait oublié, depuis longtemps, ses belliqueux souvenirs, et il dormait tranquillement, entre son vieux château et le clocher de son église, quand, tout à coup, le galop des uhlans avait réveillé en sursaut ses paisibles habitants le matin du 27 août.

» Les uhlans inscrivirent à la craie, sur la porte des maisons, une série de numéros correspondant à des billets de logement ; puis ils repartirent vers les hauteurs boisées où commençait à se glisser, en silence, l'avant-garde de la 4e armée allemande, commandée par le prince royal, aujourd'hui roi de Saxe.

» C'est une heure après cette alerte que venait d'apparaître, sur le versant opposé, dans la direction de Bar, le corps du général de Failly.

» Le général en chef était de sa personne à la tête de colonne, avec son chef d'état-major, le général Besson, les généraux Brahaut, de Bernis et de la Mortière.

» Les deux régiments composant en ce moment toute la division de cavalerie du 5ᵉ corps furent formés en bataille sur deux lignes : 12ᵉ chasseurs, première; 5ᵉ lanciers, seconde.

» Des éclaireurs du 12ᵉ chasseurs furent envoyés à la découverte.

» A peine avaient-ils traversé le bourg et gravi la moitié de la colline, qu'ils se trouvèrent tout à coup face à face avec les éclaireurs allemands.

» Les coups de feu s'échangèrent, et le colonel de Tucé, qui observait l'horizon du haut du plateau de Bar, se hâta, suivant ses instructions, de détacher, sous la conduite de son lieutenant-colonel, deux escadrons commandés par le capitaine comte d'Ollone et le capitaine de Bournazel.

» Malgré le désavantage du terrain, ces deux escadrons chargent avec la plus grande vigueur l'ennemi, qui descend des bois en grandes forces, et qui, lui-même, les aborde au galop de charge.

» Le choc est rude et l'engagement acharné.

» Mais le nombre, sans cesse grandissant, des renforts l'emporte bientôt, et les deux escadrons du 12ᵉ chasseurs sont ramenés pas à pas jusqu'à l'entrée du village par les cavaliers ennemis du capitaine de Harling.

» Un troisième escadron est appelé.

» Immédiatement formé en colonne par quatre, il est

enlevé en quelques secondes par son capitaine, le
comte Compagny de Courvières, et s'élance, accompagné du colonel lui-même et du commandant Saute-
let, sur la rapide descente qui conduit au village ; puis,
le sabre à la main, il s'engouffre comme un ouragan
entre les deux rangées de maisons, dont les murs trem-
blent et dont les habitants ont disparu. Un seul homme
apparaît debout sur le perron de l'église : c'est le curé
de Buzancy.

» Il a voulu bénir ceux qui vont à la mort... *Sur-
sum corda !* Mais bientôt force est de modérer l'élan,
sous peine de tomber sur des frères et non sur l'ennemi
La rue est obstruée dans toute sa largeur par les premiers combattants, qui disputent pied à pied le sol aux
Saxons.

» Heureusement, une issue s'offre à gauche : le comte
de Courvières y dirige son escadron, et, sans faire
remettre au fourreau le sabre qui reste suspendu à la
dragonne, il commande : *Haut le fusil.*

» Après une charge à volonté, les chasseurs quittent
le fusil pour le sabre, et, franchissant haies, jardins
et clôtures, ils font irruption sur les derrières de l'ennemi.

» La mêlée devient furieuse. Les Saxons, surpris
par cette attaque imprévue, se retournent pour envelopper cette téméraire poignée d'hommes qui ose
essayer de leur arracher une victoire dont ils se
croyaient déjà maîtres.

» Hommes et chevaux se heurtent, se renversent, se
piétinent et se tuent : ce n'est pas seulement un combat
qui se livre ; ce sont dix, vingt engagements partiels

qui ajoutent leurs scènes dramatiques aux sanglantes
péripéties de l'action principale.

» Ici, c'est le comte de Courvières qui, à la tête d'une
partie de son escadron, court dégager ses deux col-
lègues blessés, cernés et à demi prisonniers : le capitaine de Bournazel, avec le crâne fendu, et le capitaine
d'Ollone, avec la figure coupée en deux.

» Là, c'est le sous-lieutenant de Merval qui, à pied
et sans talpack, auprès de son cheval mort, se défend
unguibus et rostro; en voyant arriver le 5ᵉ escadron, il
se dégage par un suprême effort, enfourche un cheval
de troupe qui passe et parvient à rallier son peloton,
n'ayant plus à la main qu'un rouge tronçon de sabre.
D'un côté, c'est le sous-lieutenant Rossignol, l'occiput
ouvert et ruisselant; puis le sous-lieutenant Marécaux,
également frappé à la tête; de l'autre, c'est le lieutenant de Braux d'Anglure se débattant au milieu d'un
cercle d'ennemis et se voyant déjà prisonnier en face
de la mosquée qui lui rappelle la captivité de Pierre
d'Anglure; près de lui, le sous-lieutenant Sarrailh,
qui, aux prises avec le même péril, déploie la même
énergie; plus loin, le lieutenant Châtelain qui a la double chance de n'avoir pas une blessure et d'avoir fait
un prisonnier de sa propre main.

» Au bord d'un fossé, le maréchal des logis Kersa-
laun de Kersabiec, défendant son capitaine blessé,
s'élance sur un officier saxon et le saisit en criant :
« Rendez-vous, monsieur, vous êtes mon prisonnier. »

» L'officier, pour toute réponse, balafre d'un coup
de sabre la figure du maréchal des logis, qui, à son
tour, riposte par un vigoureux coup de pointe et
étend son adversaire à ses pieds.

» Çà et là, des chasseurs démontés se relèvent couverts de boue et continuent à pied le coup de feu contre les cavaliers qui passent.

» Pendant que le vieux maréchal des logis Grafft combat contre un groupe entier, jusqu'à ce qu'il roule à reculons dans la rivière, le maréchal ferrant Perché, debout, ayant encore entre ses jambes son cheval abattu, tient en échec, par l'étincelant moulinet de son sabre, dix ennemis qui font cercle autour de lui.

» Partout l'on voit les furieux coups de pointe des chasseurs se croiser avec les larges tranchants que les dragons saxons manient à deux mains, à la façon des Germains d'Arminius.

» Le sang coule de toutes parts, et le champ de bataille, bien que les morts n'y soient point encore nombreux, commence à devenir émouvant, car les blessures à l'arme blanche, quoique dix fois moins dangereuses que celles des armes à feu, sont dix fois plus horribles à voir.

» Au bout d'une demi-heure de cette lutte, Buzancy demeurait au pouvoir des chasseurs.

» Ce qui restait des trois escadrons recharge bravement en fourrageurs, poursuivant les dragons saxons, qui remontent de toute la vitesse de leurs chevaux les pentes du mont Civry.

» Mais, au sommet, un obstacle inattendu, l'*ultima ratio*, allait arrêter les vainqueurs.

» Les Saxons, se divisant tout à coup par un brusque coude à droite et à gauche, mettent à découvert l'artillerie, qui venait de prendre position en avant des bois.

» Les généraux, qui l'ont aperçue du haut de la colline du Bar, ont déjà fait sonner la retraite, quand une poignée de chasseurs arrive à vingt pas des pièces.

» Force est de se replier devant les boulets, qui commencent à balayer la descente, pendant que d'autres escadrons du 18° uhlans, attendant immobiles à droite des batteries, s'ébranlent avec un formidable *hourra*, et descendent en ordre imposant la seule route qu'épargne le canon.

» Les escadrons ennemis venaient enserrer les chasseurs, en formant la droite d'une tenaille mouvante dont la gauche était la route canonnée.

» Heureusement ils ne parvinrent pas à rejoindre les chasseurs !

» De nouvelles scènes signalent ce dernier instant.

» Les groupes, pressés et lancés à toute vitesse, sont criblés par les projectiles, qui atteignent surtout les jambes des chevaux. A chaque pas, un homme tombe en entraînant avec lui trois ou quatre des siens dans sa chute. Un homme tombé est presque toujours un homme perdu, à moins que son cheval et lui ne soient assez peu blessés, assez vigoureux et assez lestes pour se relever et reprendre leur course, ou que, comme le chasseur Maillard, il ait la bonne fortune d'avoir derrière lui un homme de dévouement, comme le sous-lieutenant de Chabot, qui, au péril de sa vie, s'arrête pour lui porter secours.

» Quels que soient les dangers et les pertes d'une si subite retraite sous un tel feu, le capitaine Compagny de Courvières, lui aussi, s'arrête à l'entrée de Buzancy, avec le comte de Colbert-Chabanais, capitaine adjudant-major, et quelques-uns de ses hommes, pour chercher le lieutenant-colonel de la Porte, qui, grièvement blessé, était tombé et avait disparu dans la mêlée.

» Après quelques minutes de recherches inutiles, il fallut bien se résigner à abandonner aux Saxons le village et tout ce qu'il renfermait, trop heureux d'avoir pu sauver les autres officiers blessés.

» Quant au lieutenant-colonel, qui n'avait pu être retrouvé par les siens, il reparut le lendemain dans les bulletins de l'ennemi, dont il était devenu le prisonnier.

» Malgré sa retraite devant les foudroyantes décharges de l'artillerie, le 12ᵉ chasseurs avait droit d'être fier de cette journée.

» Trois de ses escadrons avaient lutté seuls contre des forces quatre fois supérieures et n'avaient cédé le terrain qu'à la dernière minute. Ils avaient perdu en tués et blessés, y compris douze chasseurs prisonniers, quatre-vingts hommes ; mais ils en avaient fait perdre autant à l'ennemi.

» En plus des blessés, au nombre desquels l'ennemi comptait deux capitaines commandants et l'enseigne porte-épée Schmidt — atteint d'une balle de revolver que l'auteur, sur lequel il s'était jeté, avec une bravoure digne d'un meilleur sort, lui avait envoyée, — il laissait trente-deux hommes et vingt-sept chevaux tués à coups de sabre.

» Le nom de Buzancy pouvait désormais s'inscrire sur le drapeau du 12ᵉ chasseurs comme un nouveau titre d'honneur.

» Aussi, au 12ᵉ chasseurs, cette date du 27 août 1870 ne sera-t-elle jamais oubliée.

» Un des derniers chefs de ce régiment, le colonel Jeantet, pour perpétuer le souvenir de ce combat de cavalerie à l'arme blanche, le seul de la campagne, en a fait afficher le récit dans toutes les chambrées, en y joignant cet ordre :

« Chasseurs du 12e,

» J'ai voulu que ce magnifique fait d'armes soit toujours sous vos yeux et que Buzancy soit un nom glorieux pour vous, comme Jemmapes, Austerlitz, Alger, Puebla.

» Le succès complet de ce combat de cavalerie est dû à nos coups de pointe : le régiment comptait dans ses rangs beaucoup de vieux troupiers du Mexique, qui connaissaient la valeur du coup de pointe pour s'en être servis pendant cinq ans, de 1862 à 1867. — Il faut que le coup de pointe soit en honneur au 12e chasseurs, et ce beau régiment aura encore de belles pages à inscrire sur son livre d'or.

» *Le Colonel commandant le régiment,*
» Signé: JEANTET. »

» Le lendemain de cet engagement de Buzancy, l'armée de Châlons marchait vers Sedan :

» C'était le chemin de Waterloo ! »

SEIZIÈME RÉCIT

La charge du 5ᵉ Cuirassiers à Mouzon

(30 août 1870.)

... Le corps de Failly venait d'être rejeté sur la Meuse après la lamentable surprise de Beaumont, et ses troupes, en désordre, ou pour mieux dire en pleine déroute, étaient sur le point d'être coupées du reste de l'armée, lorsque la brigade de Béville, composée des 5ᵉ et 6ᵉ cuirassiers, reçut l'ordre de passer la rivière, afin de couvrir et de protéger la retraite de ce malheureux corps d'armée. La brigade, qui était montée à cheval à midi, passe rapidement la Meuse à gué et vient, à 4 heures du soir, se joindre aux six régiments de cavalerie déjà formés en colonnes par échelons, au bas du mont Brune, en avant du pont de Mouzon. Ces régiments étaient les 7ᵉ, 8ᵉ et 12ᵉ chasseurs, le 5ᵉ hussards, le 5ᵉ lanciers et le 10ᵉ dragons.

Après deux heures d'inaction, pendant lesquelles ces régiments voient s'écouler autour et derrière eux les flots des soldats du général de Failly, apparaissent les têtes de colonne du IVᵉ corps saxon, qui arrivent à portée de nos mitrailleuses. Celles-ci ouvrent immédiatement le feu sur les bataillons ennemis. Mais à peine ont-elles tiré quelques bordées, qu'elles voient s'abattre sur elles une grêle d'obus. Décimées, démontées, réduites au silence, nos pièces se replient au galop et laissent à la cavalerie le soin de se défendre contre les masses allemandes qui surgissent de toutes parts.

Presque en même temps que s'éloignait la batterie de mitrailleuses, se repliaient également sur ordre la cavalerie légère et celle de ligne. Seule, la brigade de cuirassiers était maintenue en ligne.

L'ennemi s'avance de minute en minute, et ses meurtrières batteries commencent à fouiller les abords de la Meuse avec une redoutable intensité. A cet instant, le commandant d'état-major Haillot apporte l'ordre de charger. S'adressant au colonel Martin qui commande le 6ᵉ cuirassiers, qui était le régiment de tête de la brigade, formée ordre inverse en bataille, il reçoit cette singulière réponse : « Avez-vous un ordre écrit ? — Non ! — Eh bien, je suis le mouvement de retraite des autres régiments de cavalerie ! » Et, commandant par quatre au trot, ce colonel, qui devait mourir conseiller municipal de Paris, fait quitter à son beau régiment le poste d'honneur qui lui était confié et où devait s'illustrer le 5ᵉ de la même arme. Devant ce refus, il s'adresse au colonel de Contenson de ce régiment qui, se retournant vers ses escadrons, lance d'une voix énergique et sonore le commandement : « Chargez ! »

Les cuirassiers partent à franche allure et vont tomber sur les carrés du 27ᵉ régiment d'infanterie prussien, qui les attend à petite distance et les crible de ses feux presque à bout portant. L'intrépide colonel est en tête de ses escadrons, et, l'un des premiers, il roule foudroyé à 15 pas du premier carré allemand ; derrière lui tombent également mortellement frappés : le lieutenant-colonel Assant, le chef d'escadrons Brincourt, le capitaine adjudant-major Souchon et le sous-lieutenant Calmin; le chef d'escadrons de Méautis est également grièvement blessé au bas-ventre.

Ecrasés par une grêle de balles, les braves cuirassiers du 5e, comme leurs vaillants frères d'armes de Morsbronn et de Reischoffen, tombent pêle-mêle sans avoir même la consolation d'atteindre l'ennemi.

Mais, ici, laissons la parole à l'Historique même du 27e régiment de Magdebourg, qui eut à repousser cette charge désespérée. Il est impossible de retracer plus énergiquement, plus cruellement les phases terribles et diverses par lesquelles eurent, en peu d'instants, à passer nos héroïques cavaliers. C'est de la *Revue militaire de l'étranger*, n° 259, que nous extrayons cette narration émouvante de réalisme et de grandeur.

« Seul, ce brave régiment (le 5e cuirassiers) se tenait immobile au milieu du feu : c'était un mur d'acier au milieu du désordre qui l'entourait. Déjà, il avait subi bien des pertes en officiers, hommes et chevaux. Pour arrêter les progrès de l'ennemi, le général de Failly donne au régiment l'ordre d'attaquer. Aussitôt, celui-ci traverse la route et se forme au sud de celle-ci en colonne par escadron pour la charge. Le lieutenant de Beaulieu raconte que l'on put voir distinctement les différents escadrons traverser les fossés de la route et se former ensuite. Tous les officiers étaient en avant; le régiment marchait au trot admirablement en ligne. Toute cette masse se dirigeait sur les 11e et 12e compagnies : c'était une trombe d'airain.

» Ces compagnies s'étaient formées sur quatre rangs, les tirailleurs dans les intervalles. Le colonel de Pressentin et le lieutenant Hildebrand se trouvaient au milieu des fusiliers, près de la 11ᵉ compagnie. Le colonel recommanda aux hommes de viser et de tirer avec calme et leur rappela qu'aucune cavalerie n'est jamais à craindre pour une infanterie de sang-froid. Le feu de l'infanterie et de l'artillerie ennemies se tut ; un calme momentané se fit sur le champ de bataille : on n'entendit plus que le fracas des escadrons qui s'avançaient rapidement. Les chefs de compagnie, capitaine Hartrott et lieutenant de Westphal, avaient aligné leurs pelotons comme sur la place d'exercices. A 500 ou 600 pas, les meilleurs tireurs commencèrent à tirer ; le sous-officier Lüdecke, de la 11ᵉ compagnie, fut assez heureux pour abattre un officier qui marchait fort en avant du régiment pour reconnaître le terrain.

» La 10ᵉ compagnie resta de nouveau déployée en tirailleurs ; le peloton de tirailleurs fit face au nord et se plaça à l'aile droite sur la voie romaine, qui présentait un contre-bas de 2 pieds ; les 3ᵉ et 4ᵉ pelotons se trouvaient un peu en avant, au nord des tirailleurs, dans un sillon. La cavalerie ennemie changea tout à coup de direction, comme si elle eût préféré attaquer les tirailleurs ; elle abandonna la direction des 11ᵉ et 12ᵉ compagnies, conversa à gauche et chargea droit sur l'aile droite de la 10ᵉ compagnie. Mais ce mouvement leur fit tout d'abord prêter le flanc au feu des 11ᵉ et 12ᵉ compagnies, dont les salves passaient en renversant les rangs ; mais le régiment s'avançait toujours de plus en plus près... : les cuirassiers égalaient leurs ancêtres, les cuirassiers de Waterloo (1).

---

(1) Quel plus bel éloge que cet éloge de la part d'un redoutable ennemi ! (*Note de l'auteur.*)

» Le capitaine Helmuth se tenait avec calme au milieu de sa compagnie; pas un coup de feu ne partit de
sa ligne. Tous les officiers, tous les soldats avaient les
yeux fixement attachés sur le visage du capitaine, qui
tenait leur destin dans sa main. Sur toute la ligne, on
attendait avec une anxiété terrible l'issue de ce combat singulier.

» Les cuirassiers arrivent ainsi à 150 pas de la compagnie. Alors, le capitaine Helmuth se jette en avant
de ses tirailleurs, en agitant son sabre de la main
droite et son casque de la main gauche, et donne, au
cri répété de : « Hourra ! » le signal du feu à volonté.

» Aussitôt le feu éclate et foudroie les escadrons;
bien des cavaliers roulent à terre, d'autres s'affaissent
sur leur selle; mais le régiment continue à s'avancer
tranquillement au trot. En tête se trouvaient tous les
officiers; derrière eux les plus braves et les plus rapides cavaliers; en arrière, en grandes masses, les cavaliers plus calmes, déjà préoccupés de retenir et de
modérer leurs chevaux. Ainsi s'approche cette horde
furieuse qui promet la terreur et la mort; elle arrive
à 100 pas. Que va-t-il se passer ? Les cavaliers vont-ils
nous passer sur le corps et nous clouer sur le terrain ?
« A vos rangs ! Tirez toujours ! » s'écrie avec calme
notre capitaine, et le succès apprit bientôt combien cet
ordre était approprié aux circonstances. Chacun retrouve ce sang-froid que l'importance de ce moment
critique rendait si nécessaire et si important; chacun
continue à tirer avec calme et sûreté; personne ne
ferme les yeux; tous se tiennent en braves gens.

» Les officiers qui se trouvaient en tête, et particulièrement leur vieux colonel à cheveux gris, gisent à

terre ensanglantés et frappés de blessures mortelles. Mais le reste s'avance encore. Les cavaliers arrivent à vingt pas à peine : on entend le hennissement de leurs chevaux, on distingue le visage terrible des cavaliers ; notre pauvre petite troupe paraît perdue. Mais le plomb meurtrier sort encore une fois de tous les fusils à la fois et va traverser la masse des cavaliers. Les premiers rangs s'abattent et le reste hésite un moment. Seul, un maréchal des logis arrive presque sur la ligne des tirailleurs et marche droit au capitaine Helmuth. C'était un géant ; il montait un superbe cheval. Il porte un coup terrible au capitaine, qui ne l'évite qu'en se jetant de côté et lui rend un coup de plat de sabre au visage. Un nouveau coup brise le sabre du capitaine ; heureusement, 20 *hommes se précipitent à son secours !* (1). Tout cela ne dure que quelques secondes. Le cuirassier veut renouveler son attaque ; mais le sous-officier Belstett l'atteint de sa baïonnette à la hanche gauche et l'arrête : « Rendez-vous, monsieur ! Vous êtes un brave soldat, mais rendez-vous ! crie alors Helmuth au brave cuirassier. — Mais oui ! » répond celui-ci en cherchant à tendre son sabre. Malheureusement un fusilier, qui prend son mouvement pour une menace adressée au capitaine, l'abat d'un coup de feu. Le cavalier tombe, sans proférer une parole, dans les bras du capitaine, qui s'ouvrent pour recevoir un adversaire si brave. Il était mort.

» Le reste des cuirassiers avait disparu, poursuivi

(1) Singulière et bien tudesque façon de comprendre le combat singulier ! Vingt contre un ! C'est généralement la manière allemande de trancher les situations difficiles.

par le feu rapide des tirailleurs; le régiment ennemi s'était bravement fait anéantir. » . . . .

. . . .

Nous avons laissé à ce récit toute sa saveur germanique qui décrit bien cette lutte où la force brutale du plomb a si complètement raison de la chevaleresque bravoure et de la complète abnégation. Ces lignes peignent éloquemment la belle conduite du vaillant 5ᵉ, qui fit, en cette intrépide chevauchée, des pertes nombreuses et sensibles.

Cinq officiers étaient tués : le colonel Dubessey de Contenson, le lieutenant-colonel Assant, le chef d'escadrons Brincourt, le lieutenant Guyon et le sous-lieutenant Caumin. Six étaient blessés : le commandant de Méautis, le lieutenant Ozanne, les sous-lieutenants Pourtier, Portalis, Poilleux et Desportes. En outre, plus de 100 cavaliers avaient été tués ou blessés et une quarantaine tombaient entre les mains de l'ennemi.

Les débris du régiment regagnèrent, sous un feu violent, la Meuse, qu'ils passèrent à gué. Là encore se noyèrent un certain nombre de chevaux et de cavaliers qui, exténués, épuisés, ne purent remonter le courant rapide des eaux.

Le général de Béville rallia sa brigade sur les hauteurs qui dominent Mouzon, et, dans la nuit, elle se mettait en route pour Carignan, d'où elle allait gagner dans la matinée du lendemain, le terrible entonnoir de Sedan, où allait si misérablement sombrer cette malheureuse armée de Châlons.

DIX-SEPTIÈME RÉCIT

Les charges de la division Margueritte sur le le plateau de Floing. — Les généraux Margueritte et Tilliard sont mortellement blessés. — Belle conduite du général de Galliffet.

Bataille de Sedan. (1ᵉʳ septembre 1870.)

En feuilletant la cruelle histoire de l'année terrible, en relisant une à une ces pages douloureuses, on ne peut se défendre d'un sentiment de sincère émotion et de véritable admiration envers nos intrépides soldats, qui, tout vaincus qu'ils étaient, ont su, du moins, transmettre intact l'héritage d'honneur et de bravoure que leur avaient légué leurs aînés.

Parmi les épisodes les plus émouvants de cette malheureuse campagne, les charges de Floing, exécutées le jour fatal de Sedan par la division de chasseurs d'Afrique ayant successivement à sa tête les généraux Margueritte et de Galliffet, peuvent être citées comme un exemple de la plus chevaleresque bravoure et du plus noble dévouement. Comme leurs intrépides frères d'armes les cuirassiers de Reischoffen, les chasseurs et les hussards de Floing s'offrirent en holocauste, mais n'eurent pas, comme les premiers, la consolante satisfaction de voir leur sacrifice couronné par le salut de l'armée. La plupart d'entre eux tombèrent et moururent dans une catastrophe sans précédent, voyant, de leurs derniers regards voilés par les ombres de la mort, se dresser le drapeau blanc, néfaste précurseur de la capitulation et de la captivité !

En parcourant ces épiques combats, on ne peut s'empêcher de donner un patriotique souvenir aux braves qui y prirent part, car, s'ils ne réussirent pas à arracher une victoire impossible, ils sauvèrent, du moins, l'honneur de l'armée et inscrivirent sur le livre d'or de leurs régiments, une page d'autant plus glorieuse qu'elle eut son épilogue dans le sacrifice et dans la mort.

..... Le 1er septembre au matin, la division Margueritte, qui était attachée comme cavalerie indépendante au 1er corps d'armée, avait été placée, dès le début de l'action, en réserve en arrière du plateau de Floing. Elle faisait ainsi face à la direction de Mézières, et, si, pour le bonheur de notre armée, les conseils du général Ducrot avaient été écoutés, c'est elle qui, au poste d'honneur, eût servi d'arrière-garde aux troupes françaises dans leur mouvement de retraite. La division Margueritte occupait donc, au commencement de la bataille, l'extrême gauche de l'armée : les 1er et 3e chasseurs d'Afrique et le 6e chasseurs de France déployés en bataille; le 1er hussards et le 4e chasseurs d'Afrique, en colonnes offensives sur les ailes. Bien qu'il ne fût encore que 8 heures du matin, on voyait déjà les mamelons situés entre Fleigneux, Saint-Menges et Illy occupés par une puissante artillerie allemande, soutenue par une nombreuse infanterie, appartenant aux 82e, 87e et 88e régiments prussiens. C'était l'avant-garde du prince royal, qui venait nous couper la route de Mézières.

Au fur et à mesure que les pièces ennemies arri-

vaient, elles se plaçaient promptement en batterie et
dirigeaient leur feu, les unes, contre la place même de
Sedan et, les autres, sur le bois de la Garenne, contre
lequel étaient adossés les régiments du général Margueritte.

Malgré cette tempête de projectiles, la division
conserve une remarquable attitude, et le 1ᵉʳ hussards, qui est plus particulièrement éprouvé, ne bron-
che pas; les hommes font même preuve d'une telle
fermeté, que les généraux qui passent devant eux ne
peuvent s'empêcher de crier : « Bravo les hussards ! »

A 9 heures, au moment où la première charge vient
d'être décidée, le général de Galliffet, promu la veille,
mais qui avait tenu à rester à la tête de son régiment,
le 3ᵉ chasseurs d'Afrique, fait sonner aux officiers, et,
les réunissant autour de lui, il prononce, d'une voix
vibrante, l'allocution suivante : « Messieurs, on nous
fait le grand honneur de nous désigner pour soutenir
la retraite de l'armée. Il est probable que nous ne
nous reverrons pas tous; je vous fais mes adieux! »
Les officiers rejoignent leurs escadrons après avoir
salué du sabre leur chef intrépide, et, au moment où
ils reprenaient leur place de bataille, le général Margueritte, apercevant une compagnie du 87ᵉ prussien
qui longeait le remblai de la route qui va d'Illy à
Floing, criait en la désignant : « Enlevez-moi ça, les
chasseurs! »

Le 3ᵉ s'élance alors avec un merveilleux entrain,
aborde l'infanterie ennemie, qui, surprise, déconcertée
par l'impétuosité de l'attaque, laisse rompre ses lignes
de tirailleurs et aborder ses compagnies, massées un
peu en arrière. Déjà la route des batteries ennemies

est ouverte, quand les chasseurs, que n'appuie aucune artillerie et qui sont écrasés par des feux multiples et convergents, se voient obligés de revenir en arrière et de rompre une seconde fois les compagnies prussiennes qui se sont reformées après leur débandade du premier moment. Malheureusement pour nos cavaliers, le terrain ne se prête pas à un mouvement d'ensemble; chaque escadron charge alors pour son compte le groupe ennemi le plus à sa portée. A trois reprises, ces braves font un retour offensif; à trois reprises, ils bousculent l'ennemi, et, si le moindre secours leur eût été prêté, nul doute que l'artillerie allemande couronnant les hauteurs de Saint-Menges et d'Illy n'eût été enlevée et le mouvement du prince royal retardé.

En réalité, c'était une charge manquée parce qu'elle n'avait pas eu de but bien assigné et de soutien efficace. Mais quels prodiges de valeur accomplis! Au ralliement, 15 officiers et plus de 300 cavaliers manquaient à l'appel. Chiffres éloquents qui honoreront toujours le 3e chasseurs d'Afrique et son brillant colonel de Galliffet.

Après cet insuccès, la position de la division Margueritte est devenue des plus critiques. Plus que jamais, l'artillerie allemande fait rage; les projectiles ennemis balaient le terrain, une grêle d'obus affole les chevaux. Le général donne l'ordre aux escadrons de se reformer dans le bois de la Garenne, situé légèrement à droite du terrain où vient de se produire la charge. Le chemin qui conduit à ce bois est d'un accès difficile, et nos cavaliers, montés sur des chevaux blancs et gris pommelés, deviennent, lorsqu'ils abordent les taillis, une véritable cible pour les tirailleurs prussiens, qui les criblent d'une intense fusillade et leur causent les pertes les plus sensibles. Au moment où le général Tilliard prend la tête de sa brigade, composée du 1er hussards et du 6° chasseurs de France, il salue de son épée et s'écrie : « Allons, mes enfants, il nous faut tous aujourd'hui mourir pour la France ! »

Il s'engage sous les arbres de la forêt, où la mort l'attendait; non pas la mort trouvée dans la mêlée, dans l'excitation de la charge et où l'on rend coup pour coup, mais la mort subite, inattendue, brutale : à quelques mètres de la lisière du bois, un obus éclate et le renverse, tuant également son aide de camp, le capitaine d'état-major Proust. Un officier du 1er hussards soulève le corps du général mourant, qui, devant sa brigade défilant silencieuse et attristée, a encore la force, malgré une horrible blessure au ventre, de s'écrier dans un râle sanglant : « Vive la France ! »

Le général Margueritte, qui vient d'apprendre la mort du général Tilliard, remet alors le commandement de la brigade au colonel de Beauffremont, du 1er hussards, et, le feu de l'ennemi devenant de plus en plus intense, il donne l'ordre à sa division de quitter la lisière du bois de la Garenne, qui n'est plus tenable, et de se porter vers le calvaire d'Illy, entre Floing et Cazal, en arrière de la crête qui relie ces deux positions.

Il est alors 2 heures de l'après-midi. Une ligne d'infanterie française, couchée à plat ventre, se relève à l'arrivée de notre cavalerie et se retire à travers les rangs des escadrons.

Sur ces entrefaites, d'après les ordres du général

Ducrot, la division Margueritte va tenter un dernier mais inutile effort pour frayer, à travers les rangs ennemis, un passage à l'armée.

« Vous allez charger, par échelons, sur notre gauche, s'écrie le général aux officiers qui l'entouraient. Après avoir balayé tout ce qui est devant vous, vous vous rabattrez à droite et prendrez en flanc toute la ligne ennemie. » Puis, il les quitte pour aller à l'infanterie, afin d'amener celle-ci dans une position susceptible de soutenir efficacement la cavalerie.

En ce moment, le général Margueritte, dans le but d'exécuter l'ordre qui vient de lui être donné, pique des deux, suivi de son état-major et d'un peloton d'escorte du 1er hussards, pour reconnaître exactement ce qui se passe devant lui et déterminer le terrain où ses escadrons auront à charger. Arrivé sur une éminence favorable à ce genre d'observations, ce groupe important, dont les brillants uniformes miroitent sous les rayons d'un éclatant soleil, devient bientôt le but de nombreux tirailleurs allemands déployés dans la plaine à 5 ou 600 mètres de distance environ.

Devant cette fusillade, pour ne pas exposer inutilement les gens de son escorte aux projectiles de l'ennemi, le général fait demi-tour, ordonne à son monde de faire halte à mi-côte de la crête, et, ne gardant auprès de lui que ses officiers d'ordonnance, le capitaine d'état-major Henderson (1) et le lieutenant de chasseurs d'Afrique Reverony (2), il remonte rapidement

(1) M. Henderson est actuellement colonel, chef de la section historique au ministère de la guerre.

(2) M. Reverony vient d'être promu général de brigade aux promotions de janvier 1894. C'est un de nos plus jeunes et de nos plus brillants officiers généraux de cavalerie.

avec eux l'éminence pour surveiller de nouveau les mouvements de l'assaillant.

Arrivés sur la crête, ces trois officiers sont salués par une grêle de balles, dont l'une d'elles atteint très grièvement le général à la face, lui perçant les deux joues, traversant la voûte du palais et perforant la langue. La commotion est même si forte qu'il est renversé de son cheval et tombe violemment la face contre terre. Aussitôt, MM. Henderson et Reverony se précipitent à son secours, le relèvent et, le soutenant par le bras droit, font ainsi quelques pas avec leur précieux fardeau, assaillis par une nuée de projectiles dont, par miracle, aucun ne les touche. Craignant, avec raison, que la marche ne fatigue et n'affaiblisse trop le blessé, ces braves officiers lui demandent s'il ne pourrait pas remonter à cheval; sur un signe affirmatif du général, ils le placent sur une jument grise amenée en toute hâte par un ordonnance. Soutenu des deux côtés par ces deux hommes dévoués, le général Margueritte se met péniblement en marche au pas de sa monture, toujours poursuivi par la fusillade.

Quand ce triste groupe arriva en vue de la division, ce fut une stupeur, un mouvement de désespoir que l'on comprendra aisément de la part de ces anciens cavaliers d'Afrique, si experts en valeur, si fidèles à leur chef aimé. Ne voyaient-ils pas, en effet, tomber le plus digne et le plus brave de tous ceux qui, tant de fois, les avaient conduits au combat, à la victoire? Aussi, un cri unanime s'éleva dans tous les escadrons, cri prolongé de douloureuse colère : « Vengeons-le ! » Et cette expansion furieuse de tant de vaillants soldats fut comme la récompense suprême de ce héros mourant !

Le général les remercia d'un regard de reconnaissance et d'affection. Puis, surmontant ses atroces souffrances, malgré le sang qui l'étouffait, malgré sa langue horriblement tuméfiée, il se redressa soudain, et, tendant le bras du côté de l'ennemi, il s'écria dans un effort de sublime énergie : « En avant ! » (1).

Ici, nous laissons à la plume éloquente de notre distingué confrère M. Ulric de Civry, directeur de l'*Echo de l'Armée* et vaillant acteur dans cette terrible charge, le soin de la raconter avec l'ardente impression de l'homme qui a vécu les choses qu'il raconte.

« ..... Le général de Galliffet prend la tête de la division et commande : « Régiments, en avant ! »

» Les escadrons s'ébranlent à l'immense cri : « Au galop ! » que répètent deux mille voix, et bientôt quatre-vingts trompettes sonnant la charge, annoncent à l'armée qu'un effort suprême est tenté.

» Ils sont cinq régiments. Ils comptent trois mille hommes. Ce sont de vieux soldats d'Afrique à deux et trois chevrons, conduits par de jeunes et brillants officiers.

---

(1) Quatre jours après, le général Margueritte, transporté en Belgique, au château du duc d'Ossuna, près Beaurain, rendait le dernier soupir, entouré des soins les plus touchants et les plus empressés de la part de la duchesse d'Ossuna et de son dévoué officier d'ordonnance, le lieutenant Reverony, qui n'avait pas voulu le quitter. Il laissait dans l'armée le souvenir d'un véritable héros, d'une intrépidité sans égale, d'une générosité et d'une noblesse de caractère incomparables. Les officiers belges lui firent de magnifiques obsèques, bien dignes de sa vie d'honneur et de bravoure, et, le 1er juin 1884, par souscription privée, ses compatriotes lui élevaient à Fresnes-en-Woëvre (Meuse), son pays natal, une statue qui transmettra à la postérité cette belle figure de soldat et de patriote.

» Ils ont comme soutien une partie de la belle division de cavalerie de Salignac-Fénelon, qui, elle aussi, va prendre une part active à la lutte.

» Ils portent, les uns, le dolman bleu de ciel aux larges brandebourgs blancs ou noirs, le pantalon rouge à plis flottants, le shako garance et la buffleterie blanche; les autres, le dolman vert et le talpack à la flamme écarlate.

» Depuis le matin les régiments français les admirent et les régiments ennemis les redoutent.

» Les escadrons continuent leur marche. Spectacle splendide qui restera éternellement gravé dans la mémoire de ceux qui y ont assisté.

» Toute cette cavalerie, sabres levés et reluisants, monte d'un même mouvement régulier; la robe blancle de ses chevaux du désert, coupant au loin sur la verdure de la plaine qu'effleurent leur longues queues, fait l'effet d'une vague qui, avant d'atterrir, écume et bondit.

» Elle va, compacte et serrée, à travers des nuages de mitraille qui crèvent sur elle de minute en minute et qui lui font laisser sur sa route une longue traînée de cadavres d'hommes et de chevaux.

» Elle n'a pas grand espoir de réussir, il est vrai; mais elle pense que l'infanterie reprendra courage en la voyant se dévouer pour elle.

» Il y avait longtemps qu'un aussi beau rôle n'avait été réservé à la cavalerie légère et qu'un aussi grand sacrifice ne lui avait été demandé.

» A travers une vaste fumée, déchirée çà et là, on aperçoit les escadrons onduler sur le terrain accidenté.

» Les voilà sur l'ennemi !

» On ne distingue plus qu'un immense tourbillon ; on n'entend plus qu'un tumulte discipliné et un crépitement terrible.

» Les escadrons se sont heurtés à dix-sept bataillons, déployés au centre, formés en carré sur les ailes.

» Ces bataillons allemands, calmes, immobiles, muets, la crosse appuyée, couchent en joue ceux qui viennent.

» Ils ont ajusté à coup sûr, et, quand le tourbillon équestre est arrivé à leur hauteur, ils ont exécuté deux salves à commandement, suivies de feux à volonté.

» Méprisant ces citadelles de la mort, les escadrons culbutent, traversent et sabrent les premières lignes ; mais, à leur tour, ils tombent sur les carrés, où ils échouent.

» Et ces régiments, qui jusqu'alors n'avaient connu que la victoire, reviennent rompus, ensanglantés, chancelants.

» Mais ils sont de ceux qui, diminués de nombre, grandissent de cœur.

» Repoussé, le général de Galliffet reforme son monde, et les escadrons, à peine revenus en arrière, se précipitent de nouveau, faisant ainsi une charge sans interruption.

» Couchés sur l'encolure de leurs chevaux, la tête droite, les yeux sur l'ennemi, les éperons dans les flancs, ils reviennent sur la première ligne, qu'ils sabrent encore, car, malgré son tir rapide, elle n'a pu maîtriser leur élan.

» Mais, une seconde fois, après avoir abordé avec la plus violente impétuosité les carrés, qui crachent sur

eux la mitraille, ils sont contraints de se replier derrière leur infanterie.

» Tout croule autour du général Ducrot, qui déploie
à cette heure toute l'énergie dont Dieu l'a doué; la
masse ennemie renverse et broie ce qui s'oppose à son
passage; elle a pour mission de refouler les Français
dans Sedan et marche droit sur le calvaire d'Illy, dont
elle veut s'emparer, en en chassant le général Ducrot :
coup d'œil, bravoure, élan, rien ne manque à cet officier général pour parer au coup qui le menace.

» Dons stériles ! Efforts inutiles !

» L'artillerie française ne peut plus répondre :
elle est littéralement pulvérisée. La batterie Hartung,
qui occupe la meilleure position, n'a plus que onze
servants; tous les autres gisent, morts ou blessés,
autour de leurs pièces.

» Le brave officier qui commande cette batterie est
engagé depuis le matin; il a lutté jusqu'au dernier
moment avec ses faibles ressources, et maintenant, les
bras croisés sur la poitrine, l'œil en feu et la rage au
cœur, ne pouvant même plus emmener ses pièces, dont
les roues et les affûts sont brisés, il attend un secours
qui ne vient pas.

» La division Pellé, réduite à la brigade Gandil,
arrive pourtant, mais exténuée, brisée et commen-
çant à se démoraliser; elle combat depuis le matin
sous une canonnade ininterrompue, et, à cette heure,
elle se sent impuissante à répondre à un ennemi qui
l'entoure de toutes parts et qui l'accable d'un feu de
400 pièces. Aussi n'a-t-elle plus ni élan, ni énergie.

» Qu'importe !

» Le général Ducrot l'appelle, l'encourage et cherche à lui communiquer l'ardeur qui l'anime.

» Il parvient à la maintenir à son poste et à empêcher une déroute; mais c'est tout : il ne peut la ramener à l'ennemi.

» Alors, il va se retourner vers la cavalerie et lui demander un nouvel effort, effort qui sera un dernier exemple.

» A ce moment, le feu des Allemands embrase tout l'horizon des 1er et 7e corps.

» Il fait rage sur le calvaire d'Illy, qu'il laboure.

» L'ennemi a compris les intentions du général Ducrot. Il dirige sur lui un feu convergent qui va anéantir toutes ses dispositions et écraser les régiments ou fractions de régiment qu'il a pu grouper autour de lui.

» En un instant, le terrain est inondé de la plus formidable pluie de projectiles que, au dire des vieux soldats, il ait jamais été donné de voir tomber sur le même point d'un champ de bataille.

» Le commandant (1) Faverot de Kerbrech traverse cette fournaise et apporte l'ordre de charger. Le général de Galliffet le conduit au galop sur le terrain même pour lui montrer le point où, à demi-portée de l'ennemi, toute charge sera infailliblement arrêtée.

Le général Ducrot arrive à son tour, et, de ses propres yeux, il juge lui-même l'obstacle infranchissable. Il fait alors changer de terrain, et lorsque les régiments se sont reformés sur la gauche en bataille, après avoir

---

(1) Actuellement général de division, inspecteur général des remontes de l'armée.

pris du champ sur la droite, il dit à leur jeune chef :
— « Allons, général, il faudrait donner encore ; si ce
n'est pas avec espoir de succès, que ce soit pour l'honneur des armes ! »

» Le général de Galliffet, l'uniforme déchiré, couvert
de sang, de sueur et de fumée, mais toujours superbe
de sang-froid, répond : — Oui, mon général, tant qu'il
me restera un cavalier, nous chargerons. »

» Devant lui roule une avalanche d'hommes et de
canons qui se précipitent sur Illy. Ce sont les Allemands
victorieux qui arrivent de tous côtés.

» Leur infanterie, qui a la confiance d'une victoire
certaine, n'a été entamée ni par la fusillade, ni par
l'artillerie.

» Le général de Galliffet, qui, lui, n'a plus que des
lambeaux d'escadrons, jette sur eux son fier regard de
soldat, et, d'une voix vibrante, il lance pour la troisième fois dans l'espace ce beau commandement du
cavalier : « Chargez! »

» Instant solennel! Le général Ducrot et tout son
état-major mettent l'épée à la main.

» Pendant que la charge passe, *procella equestris*,
suivant l'expression de l'Écriture, le général Ducrot
se place devant l'infanterie et s'écrie : « En avant, en
avant, mes enfants!... A la baïonnette!... »

» Mais, hélas! le feu est si meurtrier que le découra-
gement a gagné les rangs. Quelques braves se précipitent, les autres suivent, mais mollement, et, bientôt,
accablés, ils reculent et se débandent.

» Pendant ce temps, les escadrons, décimés mais
non découragés par leurs premières charges, font
trembler la terre sous les pieds de leurs chevaux :

ils se sont élancés avec la fureur du désespoir, qui remplace chez eux l'enthousiasme des jours de victoire.

» Le roi Guillaume, qui, des hauteurs de Frénois, assistait à ce spectacle, laissa échapper ce cri d'admiration recueilli par l'histoire : « Oh! les braves gens! » les braves gens! »

» Ah! oui, sire, braves gens, dont la perte est, tout à la fois, le deuil et l'orgueil de l'armée française, sa douleur et sa consolation!

» Braves gens, ceux qui donnent à l'ennemi de telles preuves et de tels exemples des vertus guerrières de leur pays!

» Mais, malgré son héroïsme, cette troisième charge n'a pas plus de succès que les deux premières. Comme les deux premières, elle s'est brisée contre des murailles de feu.

» Les bataillons allemands, éperdument assaillis, n'avaient pas bougé. On eût dit que les vieux carrés espagnols dont parle Bossuet dans l'oraison funèbre de Condé, ces carrés vivants « semblables à des tours, mais à des tours qui sauraient réparer leurs brèches », étaient tout à coup sortis du champ de bataille voisin et étaient venus à Sedan pour y prendre leur revanche de Rocroi,

» A ce moment, la scène était véritablement palpitante (1).

(1) Dans l'état-major du prince royal de Prusse, le sentiment d'admiration était le même que dans celui du Roi, et le comte Eberhard de Solms Sonnenwalde, alors attaché à la personne du prince, aujourd'hui ministre plénipotentiaire de l'empire Allemand près la cour d'Italie, disait dernièrement à l'auteur : « Nous tous, qui étions officiers de cavalerie, nous suivions cette charge avec une émotion si sympa-

» Les escadrons sont tellement engagés qu'ils sont fusillés à bout portant. Ils enveloppent d'un tournoiement frénétique cette froide infanterie qui reste impassible ; mais ils sont forcés d'abandonner les carrés, qu'ils ne peuvent entamer et ils reviennent tomber sur les premières lignes ennemies qui, surprises de leur audace et un moment rompues, se sont bientôt reformées.

» Ce nouvel obstacle les foudroie, et la plupart des leurs ne la franchissent pas. Là, sont tombés mortellement frappés : le colonel Clicquot, du 1er chasseurs d'Afrique ; les lieutenants-colonels de Gantès, du 1er hussards ; de Liniers, du 3e chasseurs d'Afrique ; Raymond, du 1er chasseurs d'Afrique. Le colonel prince de Beauffremont a trois chevaux tués sous lui et reçoit maintes contusions. Les rangs sont décimés, les officiers plus maltraités encore. Le 1er hussards, à lui seul, laisse 22 officiers sur le terrain.

» Les rares débris de cette « chevauchée de la mort » reviennent s'affaisser sur les dernières troupes d'infanterie, parmi lesquelles ils font éclater une panique générale.

» Ces débris sont dans un désordre indescriptible.

» Leurs épaves confondues, abîmées, arrivant bride abattue, escortées d'une masse de chevaux sans cavaliers, rendus fous d'épouvante, d'excitation ou de douleur, portent le dernier coup aux quelques troupes restées solides.

---

thique qu'on eût dit qu'il s'agissait des nôtres. Il y a un degré où le courage enlève l'enthousiasme des adversaires eux-mêmes, surtout quand ce courage lutte contre l'impossible et qu'il n'a pas même l'espoir du succès pour récompense. »

» Il est 2 heures. Le Calvaire d'Illy est perdu sans retour.

» De la droite à la gauche, les Allemands s'avancent en poussant de formidables hourras, dont les éclats se marient à ceux de la canonnade.

» La déroute générale commence, et ses flots précipités vont s'engloutir dans les fossés de la place et sur ses glacis..... »

Telle fut, dans son ensemble, cette charge mémorable qui orne le Livre d'or des 1er, 3e et 4e chasseurs d'Afrique, du 1er hussards et du 6e chasseurs, une page plus glorieuse que les victoires les plus brillantes, car, là, ce fut seulement l'esprit de dévouement et de sacrifice qui guida nos admirables soldats, et c'est pour la patrie, et pour elle seule, qu'ils surent s'immoler et mourir.

Les pertes de cette belle division furent, on le comprend aisément après la lecture d'une pareille chevauchée, on ne peut plus cruelles. Elles se repartissaient ainsi d'après les régiments engagés.

Au 1er chasseurs d'Afrique, le colonel Clicquot de Mentque, frappé d'une balle en pleine poitrine, expirait huit jours après des suites de cette blessure. Avec lui, étaient mortellement atteints, les capitaines Marquet et Cugnot, les lieutenants Le Mintier de Saint-André et de Marsaguet, les sous-lieutenants Perry de Nieuil et Delmas de Grammont ; étaient blessés : le lieutenant-colonel Ramond, les lieutenants de la Chevallerie, Jousserandot et le sous-lieutenant de Groulard. 200 sous-officiers et cavaliers manquaient également le soir à l'appel des escadrons.

Au 3e chasseurs d'Afrique, indépendamment des

pertes énoncées plus haut, il fallait encore ajouter, pour cette dernière charge, le lieutenant-colonel de Liniers, tué, le capitaine Rozier de Linage et les sous-lieutenants Petit et de Kergariou, blessés. En tout, il manquait à ce vaillant régiment, le soir de cette désastreuse bataille, 18 officiers sur 37, et 231 sous-officiers, brigadiers et cavaliers sur 560 qu'il comptait à l'effectif le jour de son départ de Constantine.

Le 4e chasseurs d'Afrique fut moins éprouvé, ses charges ayant été fournies dans une direction plus épargnée par la mitraille ennemie ; il perdait le capitaine Pujade et le sous-lieutenant de Boisairault, tués, et 7 autres officiers blessés parmi lesquels le capitaine Descharmes, atteint d'un coup de feu à la cuisse droite (1), 13 cavaliers tués et 27 blessés.

Le 1er hussards, commandé par le vaillant colonel, prince de Beauffremont, fut, lui aussi, très éprouvé. 4 officiers étaient tués : de Gantès, lieutenant-colonel ; Albaret, de Bullet, capitaines, et Sibra de Saint-Georges, sous-lieutenant ; 7 officiers étaient blessés : les capitaines de Pressac, de Tussac, les lieutenants de Müllenheim, Buton, Denis de Senneville et le sous-lieutenant de Challéon ; 250 hommes étaient également tués, blessés ou disparus.

Enfin, au 6e chasseurs, le capitaine de Querohent était tué, le lieutenant Lamothe et le sous-lieutenant Brousse étaient blessés ; 10 cavaliers tués et 26 blessés.

Comme on le voit, l'hécatombe fut complète, et, dans cette action, dernière convulsion d'une armée à l'agonie, périt l'élite de la cavalerie française.

---

(1) Aujourd'hui un de nos plus brillants généraux de cavalerie, commandant la 2e brigade de cuirassiers à l'École militaire.

DIX-HUITIÈME RÉCIT

La tentative de trouée du chef d'escadrons Cugnon d'Alincourt, du 1er cuirassiers.

_____

Dernier épisode de la bataille de Sedan (1er septembre 1870)

C'est à l'Historique très complet et très bien fait du 1er cuirassiers que nous empruntons cette émouvante page, qui retrace éloquemment la dernière prouesse d'une poignée de braves. Les noms de ces vaillants ne doivent pas rester ignorés, car, à l'heure sombre et terrible des affaissements et des désespérances, seuls ils risquaient encore leur vie pour l'honneur des armes et pour échapper aux lamentables et cruelles conséquences de l'exil et de la captivité. A ce titre, ils nous ont paru mériter un chapitre spécial dans ces récits, et nous sommes heureux de le leur consacrer, aussi large, aussi complet que possible.

..... La division de Bonnemains, à laquelle, on le sait, appartenait le 1er cuirassiers, qu'on a déjà vu héroïquement charger à Reischoffen, le 6 août précédent, était restée inactive dans cette malheureuse journée de Sedan, exposée passivement pendant toute l'action aux feux convergents de l'artillerie ennemie. Dès que tout espoir de sortir de la terrible impasse où les plus fatales circonstances venaient d'acculer notre pauvre armée fut perdu, le régiment vint avec la division se placer sur les glacis de la place.

En y arrivant, un intrépide officier, le chef d'escadrons Cugnon d'Alincourt, qui commandait les 1er et 2e escadrons du 1er cuirassiers, voyant que l'armée n'a plus d'autre ressource que de déposer les armes, demande au capitaine Haas, qui se trouve à ses côtés, s'il est prêt à le suivre avec son escadron pour tenter de forcer le passage. On consulte les hommes, et tous ces braves gens, qui, dans cette terrible journée, n'ont cessé de garder une admirable attitude, répondent immédiatement qu'ils marcheront derrière leurs officiers.

Le commandant d'Alincourt, ayant auprès de lui le lieutenant d'état-major de la Fuente, part alors avec le 2e escadron, se dirigeant, en longeant les murs de la place, vers la porte de Cazal, qui se trouve en aval, sur la rive droite de la Meuse. En passant près du cimetière, que l'ennemi occupe déjà, la petite troupe essuie un feu violent et arrive non sans peine sur la route désignée pour la tentative de trouée que l'on va risquer.

Cependant, avant de se lancer en avant, le commandant d'Alincourt hésite un instant : c'est pour lui une terrible responsabilité que d'engager ainsi sans ordres la vie de tant de braves soldats. Il s'arrête et consulte les officiers de l'escadron, qui, tous, lui déclarent être fermement résolus à marcher à l'ennemi, estimant qu'en présence du sort qui attend fatalement l'armée ils sont libres de tenter une entreprise qui les fera du moins tomber les armes à la main si elle ne leur permet pas de s'échapper.

Le commandant donne alors l'ordre au trompette

Gousset, qui marche derrière lui, de sonner immédiatement le ralliement, et ce brave soldat, qui a été mé-
daillé pour sa belle conduite à Frœschwiller, exécute sa
sonnerie, qu'il fait suivre du refrain du régiment.

Une foule de cuirassiers du 1ᵉʳ accourent alors se
joindre au 2ᵉ escadron, et de ce nombre se trouvent
les adjudants Frichaux et Thomas, ainsi que les maréchaux des logis Beuve et Marion et une vingtaine de
cavaliers du 1ᵉʳ escadron.

En voyant partir les cuirassiers, le capitaine d'état-
major Mangon de Lalande, attaché à la division de Bonnemains, le sous-intendant Seligmann-Lui, un capitaine de turcos et une fraction du 5ᵉ escadron du
3ᵉ cuirassiers dirigée par le capitaine Fuchey et le
sous-lieutenant Diethl viennent aussi les rejoindre.

Il est alors environ 4 heures... La colonne se met
en marche, au pas, se dirigeant sur le faubourg de Gaulier. A 400 à 500 mètres de la place, la route forme
un coude, et, lorsqu'on y arrive, la troupe française se
trouve tout à coup en présence de quelques fantassins
ennemis qui font immédiatement feu. Nos cuirassiers
ne s'émeuvent pas pour si peu : ils sabrent les fantassins allemands et passent. On arrive alors au faubourg,
qui vient d'être occupé par un bataillon prussien. Le
commandant d'Alincourt n'a pas une seconde d'hésitation : il part au galop, et, suivi de sa vaillante petite
colonne, il traverse la grande rue du faubourg sous une
fusillade intense qui part des portes et des fenêtres de
toutes les maisons. Les cuirassiers continuent néanmoins leur train d'enfer, sabrant et mettant en fuite
tout ce qu'ils rencontrent sur leur passage; le cheval
de l'adjudant Thomas est tué, et ce brave sous-officier

roule avec sa monture; mais il se relève vivement, saisit de la main gauche l'étrier d'un cavalier qui passe à sa portée, et il suit ainsi l'escadron au galop, jusqu'à ce qu'il vienne tomber épuisé en dehors du village.

A la sortie du faubourg de Gaulier, nos cavaliers sont attaqués par une autre troupe qui couronne le coteau situé à droite de la route, et, sous cette nouvelle et furieuse fusillade, le désordre le plus complet ne tarde pas à se mettre dans leur colonne. Sur un parcours de moins de 200 mètres, le capitaine d'état-major Mangon de Lalande et le lieutenant Théribout tombent percés de balles. Le capitaine commandant Haas reçoit un projectile dans l'épaule; son cheval est tué, ainsi que ceux du capitaine Blanc et du sous-intendant Seligmann-Lui. Le lieutenant de la Fuente, dont le sabre s'était cassé dans la lutte engagée dans le faubourg, a également sa monture tuée; mais, sautant sur un cheval resté sans cavalier, il poursuit sa marche à l'allure la plus désordonnée.

Le maréchal des logis Destorey, en voyant tomber son chef de peloton, le lieutenant Théribout, saute à terre pour lui offrir son cheval; mais cet infortuné officier ne peut que le remercier de son noble dévouement, car il est malheureusement frappé pour ne plus se relever.

Le brave commandant d'Alincourt, bien que n'ayant plus avec lui qu'une poignée d'hommes, n'en continue pas moins sa marche en avant. Assailli par des houzards allemands débouchant d'une prairie, il leur tient tête et va toujours sa franche allure, se dirigeant sur Saint-Albert. Mais là se termine la vaillante odyssée de la majeure partie de ces braves soldats.

En entrant dans ce village, la petite colonne, bien désunie, bien désorganisée, bien réduite surtout, se heurte à un régiment de uhlans, qui la reçoit vigoureusement. Le chef d'escadrons d'Alincourt et le lieutenant Aynac sont blessés, démontés et tombent aux mains de l'ennemi, pendant que deux autres officiers, MM. Garnier et de Montenon, qui se sont jetés sur la gauche, sont également entourés par les cavaliers allemands et faits prisonniers.

En réalité, tout ce qui avait fait partie de cette troupe énergique et brave, et qui n'était pas resté, tué ou blessé, sur le chemin que l'on venait de parcourir, tombait entre les mains de l'ennemi, et le soir se retrouvait à Saint-Menges, pour être dirigé ensuite sur Donchéry et, de là, sur l'Allemagne.

Cette audacieuse tentative ne fit pas autant de victimes que l'on serait en droit de supposer, étant données les difficultés de tous genres contre lesquelles elle s'était heurtée. En dehors de MM. Mangon de Lalande et Théribout, tués, la troupe ne comptait que cinq cavaliers atteints mortellement : les cuirassiers Bernier, Dupont, Iffli, Robert et Roudil. Au nombre des blessés, se trouvaient le maréchal des logis Belœil, les brigadiers Albert et Mainville, les cuirassiers Ancel, Brun, Gandillier, Joffre, Miriel, Simon et Tatio.

Sur les murs d'une ancienne chapelle qui se trouve à l'entrée du village de Floing, on a placé une plaque de marbre sur laquelle on lit :

ICI PRÈS A ÉTÉ TUÉ LE CAPITAINE MANGON DE LALANDE
AVEC PLUSIEURS CUIRASSIERS
DANS LA CHARGE DU 2ᵉ ESCADRON DU 1ᵉʳ RÉGIMENT.
PRIEZ POUR EUX !...

Si cruel que soit le souvenir de cette journée à jamais néfaste du 1ᵉʳ septembre, l'armée française n'en est pas moins en droit de s'enorgueillir de l'héroïsme qu'elle a déployé, et elle peut avec fierté invoquer le témoignage même d'un vainqueur ordinairement peu prodigue de ses éloges.

Au sujet de cette vaillante tentative de sortie, le rapport du grand état-major allemand dit : « Le chef d'escadrons d'Alincourt tentait, de son côté, un dernier et suprême effort pour percer à la tête du 2ᵉ escadron du 1ᵉʳ cuirassiers. Lors de la retraite de la division Bonnemains, cet officier, trouvant la porte nord de Sedan complètement obstruée, avait gagné la face ouest pour pénétrer en ville par la porte de Mézières. Celle-ci était déjà fermée, et les cuirassiers, ne pouvant se faire ouvrir, s'élançaient alors sur Cazal, en colonne par pelotons ; mais c'était pour tomber, ainsi que leur vaillant commandant, sous le feu de l'infanterie prussienne. »

Enfin, citons encore, avant de terminer, ce passage de l'*Historique du 2ᵉ hussards prussien* :

« Une cavalerie ne peut pas charger avec plus de véhémence, ne peut pas se sacrifier avec plus de dévouement pour les autres armes, ne peut pas offrir, avec plus de mépris de la mort, jusqu'à la dernière goutte de son sang pour une armée en détresse, que ne l'ont fait les cuirassiers français, déjà décimés par leurs prouesses de Wœrth, les chasseurs, les lanciers et les hussards, qui, tous, rivalisèrent de grandeur d'âme pour sauver l'honneur de l'armée. Nous, Leib Husaren, qui avons assisté à ces glorieuses charges, nous comprenons bien que les Français contemplent avec orgueil ces plaines d'Illy, de Floing, de Cazal, où sont tombés si noblement tant de vaillants escadrons! »

Ces lignes, échappées à la loyauté d'un ennemi qui a été témoin des sublimes sacrifices de nos intrépides régiments, resteront le plus bel éloge, la plus éloquente justification de cette arme, qui, comme nous le disions dans notre *Avant-propos,* a su comme les autres, si ce n'est *plus que les autres,* faire admirablement son devoir dans cette redoutable guerre de 1870.

DIX-NEUVIÈME RÉCIT

La défense du village de Coincy par le 4ᵉ Dragons.

Bataille de Servigny. (31 août 1870.)

S'il est tout naturel de proclamer, comme nous l'avons fait dans nos derniers récits, la superbe vaillance de nos cavaliers lorsque, pour le salut de l'armée, il leur est commandé de charger jusqu'aux extrêmes limites des forces humaines, il nous paraît également utile de signaler leur bravoure et leur solidité lorsque les péripéties de la bataille exigent d'eux le combat à pied.

L'armée de Metz, en deux occasions dignes de remarque, a vu deux régiments de sa cavalerie, le 12ᵉ dragons à Forbach (voir notre cinquième récit), le 6 août 1870, et le 4ᵉ dragons à Servigny, le 31 août suivant, accomplir comme fantassins des prodiges de valeur et de solidité dignes des meilleures troupes d'infanterie.

La présente narration est consacrée à la défense particulière du village de Coincy-sous-Metz par le 4ᵉ dragons, à la tête duquel se trouvait le vaillant colonel Cornat, qui, depuis, commanda comme général en chef les 4ᵉ et 18ᵉ corps d'armée. Il est mort il y a déjà quelques années, et c'est avec un profond sentiment de regret que l'armée tout entière a vu disparaître un général aussi remarquable par l'élévation de son esprit et l'aménité de son caractère que par ses éminentes qualités militaires.

... Le 31 août 1870, avait lieu, sous Metz, la grande sortie qui — si elle eût réussi ou plutôt si Bazaine avait voulu la faire réussir — pouvait changer complètement la situation en empêchant le désastre de Sedan.

Il était environ 6 heures du soir. Le 4ᵉ dragons de la division Clérembault, du 3ᵉ corps d'armée, était en réserve à l'aile droite au bord de la route de Metz à Sarrebrück ; les hommes, pied à terre, attendaient, la bride passée au bras, que des ordres vinssent les faire entrer en ligne. De tous les points où le regard pouvait porter, à la droite, au centre, comme à la gauche des deux armées, pétillait une intense fusillade, que dominaient les voix puissantes et continues de 300 bouches à feu.

A ce moment, un officier d'ordonnance du grand état-major général arrive en toute hâte prévenir le colonel Cornat qu'un bataillon prussien de 800 hommes environ s'avance sur Coincy, petit village situé vers la droite de nos positions et dominant toute la plaine.

L'ennemi, maître de ce point stratégique, pouvait canonner d'écharpe toute notre aile gauche et nous faire sérieusement souffrir. Or, à cet endroit du champ de bataille, il n'y avait pas une seule compagnie d'infanterie de disponible.

Sans hésiter, le colonel Cornat fait sonner « à cheval ! » et part au galop, suivi de tout son régiment, qu'il arrête derrière le village. Là, il fait mettre pied à terre

aux deux premiers escadrons, les porte au pas de
course à 200 mètres en avant des maisons et les dispose en tirailleurs, couchés derrière des murs, des
haies, des petits fossés, de façon à recevoir l'ennemi
dans la plus efficace des défensives.

Celui-ci, d'ailleurs, ne se fait pas longtemps attendre, car à peine les dragons sont-ils installés que les
rangs serrés d'une compagnie prussienne, montant
vivement par le petit chemin qui grimpe au village,
se font apercevoir.

Le colonel Cornat, qui est resté à cheval au milieu
de ses hommes éparpillés de toutes parts, ordonne
alors le feu et, soudain, de nos lignes éclate, nourrie
et meurtrière, une vive fusillade. Les Prussiens, inter-
dits, s'arrêtent d'abord, croyant avoir à lutter contre
de l'infanterie ; mais bientôt les rayons obliques du
soleil couchant font étinceler les casques des dragons,
et cette constatation redouble l'ardeur des fantassins
allemands, qui, malgré les pertes les plus sérieuses,
continuent à s'avancer en tiraillant.

De part et d'autre alors la fusillade devient des plus
vives ; on se canarde de si près que les balles, au lieu
du sifflement habituel, rendent un son métallique
comme une corde de guitare qu'on pincerait, et, au
milieu de cette nappe, de cet ouragan de plomb, nos
dragons et leur colonel, toujours campé sur son grand
cheval noir, restent impassibles et ne bronchent pas
d'une semelle.

Cependant, les Prussiens, qui reçoivent de nombreux renforts, dessinent de plus en plus leur mouvement offensif, et, pour comble de malheur, de notre
côté, les cartouches commencent à manquer. Depuis

une demi-heure environ, la lutte dure dans la proportion de 1 contre 8, et l'on sent qu'il va falloir reculer sous peine d'être écrasé ou cerné. Toutefois, le colonel Cornat veut qu'on tienne encore, et, pour ce, il donne des ordres afin qu'on se barricade dans les maisons, les granges, les écuries, les moindres réduits du village. Ce sera une lutte à outrance, pied à pied, car il ne sera pas dit que le 4⁵ dragons aura reculé, si nombreux que soient les Allemands. Heureusement, à ce moment, qu'on peut qualifier de psychologique, retentit un son de clairon d'infanterie. C'est le 18ᵉ bataillon de chasseurs qui envoie aux échos d'alentour son vieux et populaire refrain :

> Je fumerais bien une pipe,
> Mais je n'ai pas de tabac !

Essoufflés par la course, nos chasseurs passent comme une trombe devant les dragons, prennent leurs positions et recommencent immédiatement une fusillade tellement rapide, tellement meurtrière que, cette fois, les Prussiens reculent en désordre et renoncent à la prise de Coincy, qu'ils croyaient déjà tenir.

Le colonel Cornat rassemble alors tout son monde, et, se mettant à sa tête, il repasse à travers les rues du village, suivi de ses hommes, noirs de poudre et de poussière, salués par les paysans, qui sortent de leurs maisons en criant : « Vivent les dragons ! Vive la France ! »

Quelques centaines de mètres plus loin, les dragons retrouvent leurs montures, et, tout fiers du devoir accompli, ils sautent vivement en selle, jetant un dernier regard sur les camarades restés là-bas dans la plaine, victimes obscures et résignées du devoir et du courage.

Grâce à la présence d'esprit, au sang-froid de leurs officiers, les deux escadrons engagés n'ont pas trop souffert de la mousqueterie ennemie. Ils perdent seulement trois dragons tués et trois grièvement blessés; une douzaine d'autres sont légèrement atteints.

Dans cette courte et brillante affaire se sont particulièrement distingués : le colonel Cornat, atteint à la joue par une balle qui ne lui a fait heureusement qu'un forte contusion; le capitaine Dethière, officier d'une grande solidité, qui a maintenu au feu son escadron avec la plus intelligente fermeté; le capitaine Chomel, les lieutenants de Saint-Hilaire et Ray, les sous-lieutenants de Montmarin et de Saint-Geniès, qui ont conduit leurs pelotons au feu avec une vigoureuse énergie.

Dans la troupe sont également cités : les maréchaux des logis Hastroffer et Munsch et le dragon Jarry, qui se sont tenus constamment au premier rang des tirailleurs.

C'est donc un brillant fait d'armes pour le 4e dragons que cette intrépide défense d'un village par 200 cavaliers luttant, pendant près d'une heure, contre plus de 1.000 Prussiens mieux armés et surtout mieux approvisionnés qu'eux.

VINGTIÈME RÉCIT

Le 12ᵉ Chasseurs à cheval au combat d'Etrépagny.

(29 novembre 1870.)

Ce récit va commencer la série des combats livrés par les régiments de cavalerie endivisionnés dans ces jeunes et vaillantes armées de province qui, après les lamentables capitulations de Sedan et de Metz, eurent à s'organiser et à se dresser devant l'invasion.

Généralement, dans cette seconde période de la guerre franco-allemande, les engagements de cavalerie furent beaucoup moins importants, beaucoup moins sanglants surtout, qu'aux armées d'Alsace, de Lorraine et de Châlons; mais ils furent toujours dignes de la réputation de bravoure et de dévouement que s'étaient si justement acquise auprès même de leurs adversaires nos valeureux escadrons de 1870.

Dans cette deuxième phase des opérations, la cavalerie sut encore remplir un rôle des plus honorables, et les quelques récits qui vont suivre démontreront que, dans cette funeste guerre, partout où l'appela la destinée des batailles, sur un vaste champ de bataille comme dans quelque moindre engagement ou quelque légère escarmouche d'avant-poste, cette arme fit toujours intrépidement, généreusement son devoir et sut, jusqu'au dernier moment, participer de toutes ses forces et de tout son courage à la grande œuvre de la défense nationale.

C'est à l'obligeance d'un écrivain distingué, déjà nommé dans cet ouvrage, M. Ulric de Civry, qui a pris lui-même une part des plus actives à cette action de guerre qu'il raconte, que nous devons l'historique scrupuleusement exact du récit qui va suivre. Bien que le combat d'Étrépagny fût plutôt un combat d'infanterie que de cavalerie, la part qu'y prit le 12° chasseurs à cheval y est trop honorable pour que nous passions sous silence ce nouvel et brillant épisode.

« La chute de la Fère et la prise d'Amiens assuraient à l'ennemi la possession de deux importants points d'appui dans le nord, et l'isolement désormais complet de l'armée de Rouen rendait tout mouvement offensif dangereux.

» Néanmoins, le général Briand résolut de tenter, par un hardi coup de main sur Gisors, de délivrer la Normandie en rejetant les Allemands de l'autre côté de l'Epte.

» Cette opération fut fixée pour la nuit du 29 au 30 novembre. Le corps d'expédition, comprenant les troupes de la vallée de l'Andelle, commandées par le capitaine de frégate Olry, était formé de trois colonnes bien distinctes.

» A gauche, partant de Longchamps et passant par Saint-Denis-le-Ferment, Eragny, Villers-sur-Trie, etc., le colonel Mocquart, avec environ 1.500 hommes et 4 pièces de montagne, devait se porter en avant pour intercepter, à Trie-Château, la route de Beauvais.

» A droite, le lieutenant-colonel de Canecaude, des mobiles de l'Oise, suivi de son régiment, des tirailleurs havrais et de quelques compagnies franches, en tout 3.500 hommes, avait l'ordre de se porter sur les Thilliers-en-Vexin.

» Arrivée en cet endroit, la colonne devait détacher ses tirailleurs pour enlever le poste ennemi établi à Saint-Clair-sur-Epte et prévenir ainsi toute diversion par la route de Magny, tandis que le gros de la colonne, continuant sa marche sur Dangu, y aurait franchi l'Epte, puis, finalement, contourné Gisors et coupé la retraite à l'ennemi sur la route de Pontoise.

» Au centre, la colonne d'attaque, conduite par le général Briand en personne, marchait directement sur Gisors.

» Son avant-garde était formée d'éclaireurs du 12e chasseurs et des francs-tireurs des Andelys. Quant à la colonne elle-même, elle se composait : du 2e bataillon de marche, tiré des 41e et 94e de ligne, commandé par le chef de bataillon Rousset; d'un bataillon des mobiles de la Loire-Inférieure, d'un bataillon des mobiles des Hautes-Pyrénées, d'un bataillon des mobiles des Landes, de cinq sections d'artillerie aux ordres du commandant Sauvé. Enfin, la réserve comprenait le 2e bataillon des mobiles de la Seine-Inférieure, commandant Rollin, ancien officier de l'armée, dans lequel le général Briand avait pleine confiance, et du 12e chasseurs, que conduisait, en l'absence du colonel de Reinach, le lieutenant-colonel Laigneau, vieil et solide officier de l'armée d'Afrique.

» Telles furent les dispositions que le général Briand arrêta pour son mouvement offensif sur Gisors, mouvement qui devait échouer, grâce à l'émotion de plusieurs bataillons des mobiles de la colonne du centre, lesquels s'enfuirent au premier feu, et à la non-exécution des ordres donnés à la colonne de droite, laquelle, après avoir essuyé une décharge de mousqueterie, rétrograda précipitamment sur Ecouis.

» Cette petite expédition aurait, cependant, dû réussir, car, sans ces coupables défaillances, elle offrait de si grandes chances de succès que l'ennemi le constate lui-même : « *Dieses Manover hatte alle Aussicht auf einen ziemlichen Erfolg.* »

» Effectivement, les forces totales des trois colonnes françaises s'élevaient à plus de 10.000 hommes et 14 bouches à feu, auxquels le comte de Lippe, commandant à Gisors les troupes royales de Saxe, n'avait à opposer qu'un régiment d'infanterie, 16 escadrons et 3 batteries.

» Deux heures avant de partir d'Ecouis, le général Briand fit appeler les chefs de corps des colonnes de droite et du centre pour compléter ses instructions.

» A l'issue de la réunion, on régla les montres en vue de l'attaque générale, fixée à 5 heures du matin sous les murs de Gisors.

» C'est de cette antique cité, si célèbre dans la lutte de Henri IV et du duc de Mayenne, que le canon devait donner le signal.

» Au moment du départ, le quartier général fut averti qu'Etrépagny venait d'être occupé.

» Le général Briand, craignant que le chef de la colonne de gauche ne pût pas être prévenu assez à temps, ne changea rien à ses dispositions et résolut d'enlever les obstacles qui s'opposeraient à sa marche.

» Du reste, Etrépagny n'était, en réalité, occupé que par un demi-bataillon d'infanterie, deux escadrons de cavalerie et une section d'artillerie, le tout placé sous les ordres du colonel de Rex, du régiment des grenadiers de la garde royale de Saxe.

» Cette petite ville, que traverse la route de Rouen à Paris par Gisors, est située dans la vallée de la Bonde, l'un des affluents de l'Epte.

» Les maisons sont bâties sur les deux pentes du coteau qui sert d'assiette à la ville.

» La route venant de Rouen est pavée et descend assez rapidement jusqu'au pont, d'où elle remonte aussitôt par une rampe douce.

» Sur cette artère principale s'embranchent, à droite et à gauche, divers chemins de communications.

» Cet ensemble de voies, bordées d'habitations, comprenant des fermes, de grandes cours entourées de murs, des bâtiments pour l'agriculture, des prés clos donnant sur la campagne, quelques maisonnettes de petits rentiers, couvre une vaste étendue de terrain.

» Il offre de solides retranchements à des troupes prévenues d'une attaque.

» Mais les Saxons, qui étaient dans la ville depuis environ deux heures, ne s'attendaient à rien.

» Ils occupaient la grande rue depuis la rivière jusqu'à l'extrémité ouest des maisons.

» Ils avaient établi une compagnie d'infanterie à la mairie, un piquet de cavalerie sous les halles et la section d'artillerie sur la place du marché.

» Les officiers ennemis étaient logés dans un hôtel, en face de la mairie. Le reste de l'infanterie était réparti dans le château; la cavalerie dans les fermes.

» Le général Briand avait décidé de faire traverser vivement Etrépagny au bataillon de marche, pour aller s'établir vers le cimetière et couper ainsi toute ligne de retraite aux troupes ennemies occupant la ville.

» Pendant ce temps, les bataillons de mobiles cerneraient et fouilleraient les maisons.

» La colonne arriva vers 1 heure du matin à Etrépagny.

» Les vedettes ennemies, postées à 200 mètres environ, tirent quelques coups de feux et se replient précipitamment.

» Le général Briand, se souvenant de cet apophthegme d'un des plus grands conquérants asiatiques : « un général doit être soldat dans l'occasion », se place à la tête du 12e chasseurs.

» Certain de la solidité de ce régiment, il le fait passer en avant, lui donnant ainsi l'honorable fonction d'entraîneur à l'ennemi, et s'apprête lui-même à payer de sa personne pour donner l'exemple du devoir à ses jeunes troupes.

» Monté sur un cheval blanc qui le distingue de tous, se sentant à l'aise dans ce combat de nuit qui lui rappelle ses embuscades d'Afrique, l'ancien colonel de spahis s'élance, ayant à la suite du 12e chasseurs le bataillon de ligne et les francs-tireurs des Andelys.

» Lorsqu'ils arrivent à la hauteur de la mairie, le poste ennemi les accueille par une vive fusillade, qui met quelques hommes à terre.

» Les officiers saxons sortent à cheval de leur hôtel. Le général Briand, l'épée haute et suivi de ses chasseurs, renverse les premiers qui se présentent, puis traverse la ville dans toute sa longueur et va s'établir à l'autre extrémité, en ligne bissectrice sur la route.

DE LA CAVALERIE FRANÇAISE. 187

» Dans la grande rue s'était engagé un combat général et un feu de mousqueterie crépitait de toutes
parts.

» Au milieu des ténèbres, la lueur des coups de feu
éclaire seule cavaliers et fantassins, amis et ennemis
confondus dans la mêlée.

» Le bataillon de ligne, qui était descendu à son
tour dans Etrépagny, s'était trouvé coupé du reste de
la colonne par le feu du poste de la mairie.

» Le commandant Rousset n'en continue pas moins
sa marche avec deux de ses compagnies.

» Il avait déjà franchi le pont et s'apprêtait à rejoindre le général Briand, quand, tout à coup, il entend
derrière lui un galop de cavalerie.

» Avec la présence d'esprit qui sied à un chef de
troupes, le commandant Rousset (1) comprend tout de
suite que, le 12e chasseurs étant en avant et n'ayant
pas eu le temps de tourner la ville pour revenir en
arrière, ce ne pouvait être que l'ennemi qui, grâce à
l'obscurité, tentait de se faire une trouée.

» Effectivement, c'étaient les uhlans qui, ralliés par
les lieutenants de Posern et de Stratenheim, voulaient
bravement s'ouvrir un passage.

» Le commandant Rousset ordonne immédiatement
une volte-face à sa troupe : il porte sa première com-

_____

(1) Officier aussi modeste que distingué, doué d'un sang-froid inaltérable et d'une bravoure entraînante, le commandant Rousset offrait un
contraste surprenant avec la majeure partie des officiers de l'armée
improvisée de Rouen. Capitaine instructeur à l'Ecole de Saint-Cyr
avant la guerre, il y est rentré comme lieutenant-colonel, et, aujour-
d'hui, chargé des exercices d'infanterie, il continue à instruire les futurs officiers. Il est à souhaiter que le maître fasse beaucoup d'élèves
qui lui ressemblent et par le cœur et par le savoir.

pagnie à droite, en avant de la seconde ; puis, pour
dégager la route, il les accule aux murs et aux enclos
de chaque côté du chemin.

» Ces deux compagnies, ainsi échelonnées en sens
inverse, forment, d'abord à droite, puis à gauche,
deux haies successives dont l'effet ne pouvait manquer d'être foudroyant.

» Les deux escadrons ennemis s'avancent, la lance
croisée, et se précipitent sur la route de Gisors.

» Mais, lorsqu'ils arrivent à la hauteur de la ligne
d'infanterie, ils essuient une décharge bien ajustée et
tirée à 10 mètres environ, qui couche à terre hommes et chevaux ; ceux qu'épargnent les balles vont
tomber dans les rangs du 12e chasseurs, et bien peu
d'entre eux parviennent à s'échapper.

» Le général Briand, à la tête de son escorte, que je
commandais, charge à son tour les fuyards, et dans
la mêlée il a son cheval tué sous lui (1).

» Le commandant Rousset revient sur ses pas pour
rallier le reste de son bataillon, qui, appuyé des mobiles de la Loire-Inférieure, luttait en arrière du pont
contre le reste des troupes saxonnes retranché dans
les maisons.

» Dans ce mouvement de recul, il aperçut une sorte
de masse noire qui s'ébranlait dans l'obscurité :

----

(1) Un jeune officier d'état-major, M. Marsaa, attaché au 12e chasseurs et placé, ce jour-là, à l'escorte du général, fit maints coups
d'épée ; chaque fois il criait à son adversaire : « Je te touche, Dieu te
guérisse ! » — Réminiscence des paroles de Henri IV, au combat
d'Arques, et de celles que prononçaient les rois très-chrétiens, en tou-
chant les écrouelles.

c'étaient les artilleurs ennemis qui attelaient et s'apprêtaient à fuir.

» Déjà l'une des pièces avait pu échapper dans la direction de la gare ; mais là seconde reste entre les mains du commandant Rousset, et les conducteurs n'ont que le temps de couper les traits sous une fusillade qui en blesse plusieurs.

» Quelques minutes plus tard, le poste de la mairie était enlevé après une vive résistance.

» La ville entière était aux mains des Français, mais le désordre y était à son comble.

» Aussi le général Briand, craignant que, dans cette nuit profonde, ses hommes ne tirassent les uns sur les autres, ramasse ceux qu'il avait sous la main et revient à pied, contusionné, par la route de Saint-Martin, rejoindre le gros de la colonne, qui ne l'avait pas suivi.

» Il ordonne au lieutenant-colonel Laigneau de lancer ses escadrons de chasseurs sur la route de Gisors, et il fait fouiller Etrépagny par ce qu'il avait de disponible.

» Il était alors 3 heures du matin et le feu avait cessé de toutes parts.

» Si, comme l'avait ordonné le général, la ville eût été, dès le début, cernée par les mobiles, pas un Saxon n'eût échappé.

» Mais, après une de ces aptitudes de vaillance théoriques et éphémères que le sage maréchal Bugeaud a bien exactement appelées, chez les novices, les « ardeurs du départ », des bataillons entiers s'étaient fondus au premier feu.

» Ces troupes impressionnables, qui débutaient par

une affaire de nuit, opération toujours hérissée de dangers et féconde en événements inattendus, n'avaient pu résister là où parfois des troupes aguerries échouent elles-mêmes.

» Le succès de la camisade d'Etrépagny était incontestable ; mais il fut stérilisé par les paniques de la mobile, qui empêchèrent la continuation des mouvements combinés sur Gisors.

» Le bataillon de ligne à qui revenait l'honneur de ce coup de main et le 12e chasseurs étaient seuls capables de poursuivre la marche en avant et de faire face à un retour offensif ; le reste des troupes, qui, sauf les francs-tireurs des Andelys, n'avait réellement pas été engagé, n'offrait plus qu'une masse informe hors d'état de manœuvrer. »

On voit par ce combat, qui aurait pu avoir les plus sérieux résultats, que l'irrésolution et l'entrain manquèrent aux jeunes troupes qui combattaient aux côtés du 12e chasseurs et du bataillon de marche. Il fallait certainement à ce coup de main l'audace indispensable à ce genre d'opérations ; mais pouvait-on sérieusement le demander à des troupes qui voyaient le feu pour la première fois ? Toute la moralité de l'engagement d'Etrépagny est contenue dans ces quelques lignes.

VINGT ET UNIÈME RÉCIT

L'Engagement de Saint-Romain.

Armée de Normandie. (18 décembre 1870.)

Après la guerre de 1870-1871, on s'est montré, en
France, très surpris de l'audace et du courage déployés
en maintes circonstances par les cavaliers allemands,
et certaines de leurs prouesses sont restées dans les
mémoires comme d'extraordinaires, de stupéfiantes
actions. Le fait est que, dans quelques cas, les batteurs
d'estrade des armées ennemies ont déployé une réelle
intelligence, une extrême vigueur et surtout une
remarquable initiative ; mais, de là à faire des héros
des quelques uhlans qui entraient sans coup férir dans
des villes ouvertes et désarmées comme Nancy et
Châlons-sur-Marne, ou dans des localités moins
importantes mais tout aussi dépourvues de sérieuses
défenses, il y a loin, car ces légers détachements
ennemis se savaient parfaitement soutenus, à courte
distance, par d'importants partis de cavalerie, suivis
eux-mêmes par de forts et respectables contingents
d'infanterie et d'artillerie. Que pouvaient faire alors
contre ces soudards enivrés par la victoire et intime-
ment persuadés, en outre, que le moindre dommage
causé à leurs personnes serait cruellement, pour ne
pas dire férocement, vengé quelques heures après,
que pouvaient faire, répétons-nous, des populations

sans armes, sans chefs, sans appui contre des masses ennemies qui ne demandaient qu'à se ruer sur elles et saisissaient avec empressement le plus léger prétexte d'hostilité pour fusiller, piller et incendier ?

Aujourd'hui, le système des guerres modernes n'admet pas plus les résistances folles et désespérées que les combats inégaux et conséquemment inutiles. Les batailles actuelles se traitent, en réalité, par réunions d'effectifs et par combinaisons de masses. C'est donc à chaque partie belligérante à savoir mettre le plus d'atouts dans son jeu en opposant à l'adversaire les moyens d'attaque les plus puissants et les plus redoutables. Le vrai, le sage patriotisme ne consiste plus à faire écharper quelques unités par de gros effectifs, pas plus qu'à détruire quelques fractions isolées de l'armée adverse, mais bien à prendre les dispositions les plus favorables pour battre toute ou partie de cette même armée.

En vertu de ces principes absolument déterminés et dont l'usage a fait loi dans la dernière guerre, les éclaireurs allemands faisaient donc, en 1870, un métier beaucoup plus dangereux d'apparence que de fait et ils terrorisaient à bon compte des régions abandonnées des troupes régulières et qui redoutaient, avec raison, les approches d'un ennemi dont la réputation de dureté et d'exigence n'était nullement exagérée. Mais, à côté de ces triomphes faciles, quand on lit par le menu les mille péripéties de la lutte franco-allemande, on voit bien que ces terribles uhlans de Poméranie, ces audacieux houzards de Brunswick et ces redoutés dragons d'Oldenbourg, quand ils savaient une localité occupée par nos troupes de ligne, ne s'y

risquaient guère ; ou bien, quand, par extraordinaire,
il osaient aller de l'avant, une simple ligne de nos
vedettes, ouvrant le feu à bonne portée et leur cinglant
les oreilles de quelques çoups de chassepot, suffisait
à les égayer et à les disperser comme de craintives
compagnies de perdreaux.

Dans les lignes qui suivent, nous racontons un petit
engagement qui, dans son développement, fait cent
fois plus d'honneur aux quelques cavaliers français
qui en ont été les héros que les nombreuses et inoffen-
sives chevauchées teutonnes à travers nos villages
dépeuplés et livrés sans défense à l'invasion.

C'est dans le courant de décembre 1870, à l'armée
de Normandie, qu'eut lieu ce fait d'armes, qui restera
certainement une des belles pages du Livre d'or
du 3e hussards. Si nous avons tenu, malgré son peu
d'importance au point de vue militaire, à le raconter
dans tous ses détails, c'est que, d'une part, il honore
grandement les braves soldats qui en ont été les
vigoureux acteurs et que, de l'autre, on ne saurait
trop mettre en lumière de si belles et nobles actions.

Le 18 décembre 1870, la colonne mobile opérant en
avant du Havre s'élevait à 8.000 hommes environ et
3 batteries.

Le capitaine de vaisseau Mouchez (1), commandant
supérieur de la division chargée de défendre notre
important port de commerce, prescrit au lieutenant-
colonel de Beaumont, du 12e chasseurs, de faire une
reconnaissance sur la route de Rouen et de pousser
jusqu'à Bolbec, extrême limite de l'arrondissement.

_____

(1) Mort récemment directeur de l'Observatoire de Paris.

La reconnaissance française se met en route à 6 heures du matin ; en pointe d'avant-garde marche une petite troupe composée du maréchal des logis Bertrand, d'un brigadier et de quatre hussards du 3e régiment. Vers 1 heure de l'après-midi, ces quelques cavaliers arrivent à Saint-Romain, petit village situé entre le Havre et Rouen, et apprennent la présence d'une centaine de dragons allemands battant l'estrade à un ou deux kilomètres de ce village.

Sans hésiter un instant, le brave sous-officier qui commande notre petit détachement de hussards fait monter son monde à cheval, et, prenant le trot, il se lance avec ses hommes sur la route où l'on doit rencontrer les dragons ennemis.

Arrivé aux Trois-Pierres, un hussard se détache du petit groupe et part en avant pour reconnaître le terrain. Pendant ce temps, le maréchal des logis Bertrand fait mettre pied à terre, ressangler les chevaux et assurer les armes ; puis, il attend le retour de son éclaireur. Mais ce dernier ne revenant pas, — prisonnier ou tué peut-être, — nos hussards remontent à cheval, et, sans hésitation, avec une superbe audace, ils se lancent en avant et se trouvent bientôt en présence d'un parti ennemi fort d'environ soixante cavaliers.

Beaucoup, à leur place, eussent, devant la supériorité numérique de leurs adversaires, fait demi-tour ; mais, exaltés par l'intrépide ardeur qui anime leur vaillant chef, nos cavaliers saisissent leurs chassepots, ouvrent un feu intense et bien nourri qui, par sa justesse et sa rapidité, oblige l'ennemi à reculer devant eux.

Pendant près d'une heure, la lutte continue ainsi, sans relâche ni répit, et, malgré la grêle de balles qui pleut sur eux, les hussards avancent toujours et déblaient la route à la troupe qu'ils sont chargés d'éclairer. Six dragons ennemis mordent déjà la poussière, lorsque les autres, honteux d'être tenus en échec par une si faible troupe, se précipitent en demi-cercle autour de nos cavaliers, qu'ils font alors mine de cerner. Mais ceux-ci font face de toutes parts à leurs nombreux adversaires et, par leur énergique contenance, donnent le temps à la guérilla parisienne — troupe franche attachée à la division du Hâvre — d'arriver à leur secours et de les dégager du cercle de fer qui les entoure.

A la vue du renfort qui leur vient si à propos, nos hussards rejettent leurs carabines en bandoulière, laissant aux fantassins le soin de continuer le feu, et, tirant leurs sabres, ils se lancent à corps perdu, la pointe en avant, sur les dragons, qui perdent encore deux de leurs hommes et fuient alors dans toutes les directions.

Les Allemands laissaient huit tués sur le terrain et emmenaient, dans leur retraite précipitée, un officier grièvement blessé ; tout le butin réquisitionné dans les communes environnantes tombait également entre nos mains. Quant à nos hussards, ils avaient un des leurs tué ou prisonnier et un blessé.

De retour à la colonne principale, le maréchal des logis Bertrand et les hommes sous ses ordres furent vivement félicités et portés le lendemain à l'ordre de la division. Quelques jours plus tard, le brave Bertrand et deux de ses compagnons d'armes recevaient la médaille militaire, juste récompense de leur belle et courageuse conduite.

Il nous semble que cette courte et brillante affaire fait le plus grand honneur à ces quelques cavaliers du 3ᵉ régiment de hussards et que la manière vigoureuse dont ils ont compris leur mission d'éclaireur vaut bien, nous le répétons, les courses des uhlans et des houzards ennemis à travers les bourgades dépeuplées et les routes désertes des régions envahies.

VINGT-DEUXIÈME RÉCIT

Combat d'Escrennes près Pithiviers.

Engagement du 6ᵉ hussards.
(23 septembre 1870. Armée de la Loire.)

A l'armée de la Loire, en septembre 1870, c'est le 6ᵉ hussards, un des plus brillants de l'arme, qui a l'honneur de porter à l'ennemi les premiers coups, qui, « pour des coups d'essai, furent des coups de maître », comme a dit l'immortel Corneille.

… Dolman vert clair avec tresses blanches, pantalon garance à passepoil blanc et bandes blanches, talpach en peau d'agneau frisé noir avec flamme écarlate retombante, plumet blanc et écarlate, buffleteries blanches et sabretache en cuir noir ornée d'une plaque de cuivre à l'aigle : tel était le coquet uniforme de ce beau régiment d'où sortaient les plus brillants et les plus hardis cavaliers, les Valabrègue, les Galliffet, les Biré, les Beauffremont, les Ney d'Elchingen, les Tinseau, les Faverot de Kerbrech, les Bourgoing, les Louvencourt, les Vogué, les Villeneuve-Bargemont et tant d'autres qui ont illustré et illustrent encore l'armorial de la cavalerie française.

Dans ses instructions au général de La Motterouge, en lui donnant le commandement du 15ᵉ corps, qui allait former le noyau de l'armée de la Loire, le général Le Flô, ministre de la guerre, avait prescrit des reconnaissances de cavalerie et s'était exprimé ainsi à leur sujet (1) :

« Vous donnerez les instructions les plus formelles et les ordres les plus sévères pour que le service de reconnaissance soit exécuté non seulement d'une façon sérieuse mais même avec audace.

» Je ne saurais admettre que des régiments de notre armée se retirent jamais devant une cavalerie ennemie, même supérieure en nombre, sans avoir échangé des coups de sabre. Les reconnaissances doivent donc être poussées le plus loin possible. Vous ne devez pas permettre que des partis de uhlans ou toute autre cavalerie prussienne écrasent impunément nos populations de réquisitions et d'impôts. J'insiste fortement sur ce point. »

Et, comme le dit fort justement M. Grenest dans son ouvrage très documenté sur l'*Armée de la Loire*, et que nous citerons souvent et volontiers dans cette partie de notre livre — car ses appréciations répondent absolument aux nôtres et à celles, nous le croyons du moins, de tous ceux qui se sont fait, en y prenant eux-mêmes une certaine part, une idée nette et juste de la guerre de 1870, — le général Le Flô qui n'avait pas servi sous l'Empire — il était alors en exil — n'avait pas subi cette influence incompréhensible qui avait amené les généraux français, si brillants encore en Crimée et en Italie et toujours doués, il est vrai, de là plus grande bravoure sur le champ de bataille, à n'être plus, en 1870, que des chefs sans confiance,

---

(1) Grenest, *L'Armée de la Loire.*

sans initiative, sans audace, ne songeant qu'à se défendre sans jamais attaquer.

Un brave officier du 6e hussards, M. Puechredon de Bros, allait inaugurer brillamment la méthode si fermement préconisée par l'éminent général Le Flô.

Au mois de septembre 1870, le 6e hussards, qui n'avait pas eu l'infortune de faire partie des armées de Metz et de Châlons, et avait ainsi échappé aux déplorables capitulations qui avaient enlevé à la France ses plus courageux enfants, ses plus actifs défenseurs, faisait partie de la division de cavalerie attachée au 15e corps. Il couvrait Orléans et éclairait l'embryon d'armée française qui s'organisait à la hâte pour arrêter l'invasion qui s'avançait menaçante vers nos provinces du centre. Le 21 du même mois, on apprend que le prince Albert de Prusse marche sur Orléans avec la 4e division de cavalerie, et aussitôt le 6e hussards se porte au-devant des forces ennemies. L'état-major et les 3e et 4e escadrons partent pour Artenay, puis pour Oison, où ils s'installent sans être inquiétés. Les 5e et 6e escadrons se portent, de leur côté, sur Pithiviers, et, arrivés à Chilleurs-aux-Bois, le 5e escadron s'y arrête et s'y établit. Quant au 6e escadron, il a mission de pousser sa reconnaissance jusqu'à Pithiviers, et continue sa route. Il fait environ 8 kilomètres sans rien rencontrer, quand tout à coup, à la hauteur du village d'Escrennes, sa pointe d'avant-garde tombe dans un parti de hussards ennemis.

Ici, nous laissons la parole l'Historique très bien fait du 6e hussards, qui, très éloquemment, raconte ce court et brillant engagement :

« En apercevant l'ennemi, nos hussards se jettent

sur lui, et, après un court engagement, un cavalier
allemand reste entre les mains du maréchal des logis
Bellettre et du hussard Dublot. Au même moment,
le brigadier Perozed aperçoit un autre hussard allemand à 50 mètres plus loin ; il se précipite sur lui, le
prend et le ramène.

» La reconnaissance française continue sa route. A
3 kilomètres de Pithiviers, le maréchal des logis Bellettre découvre une grand'garde ennemie ; il met pied
à terre, avec le hussard Bance, pour tirer à coup sûr.
Mais, à ce moment, arrivent les sous-lieutenants de
Vibraye et de Bros, qui font remonter à cheval et partent à la charge.

» M. de Bros et le sous-officier arrivent les premiers
et se trouvent subitement, à un coude de la route, en
face d'une trentaine de dragons allemands, qui les
accueillent par des cris et une décharge générale.

» M. de Bros se précipite au milieu d'eux, suivi du
maréchal des logis Bellettre et des hussards Bance,
Laverdure et Lanfrey. Ce dernier tombe aussitôt, mortellement atteint de deux balles. M. de Bros tombe
également, mais il a vaillamment combattu ; il a la
tête criblée de coups de sabre profonds et l'œil droit
perdu. Le maréchal des logis Bellettre, seul, reste debout. Il finit, lui aussi, par succomber sous le nombre,
après avoir fait beaucoup de mal à l'ennemi par la
vigueur de ses coups. Il a une balle dans le bras droit,
un coup de pointe à l'épaule droite et quatre coups de
sabre, dont deux à la tête et un à chaque main.

» Les blessés restent aux mains de l'ennemi et sont
transportés à l'hôpital de Pithiviers.

» La bravoure et la vigueur du maréchal des logis

Bellettre avaient tellement excité l'admiration de l'ennemi, que le prince Albert de Saxe vint le voir le lendemain : « Vous vous êtes conduit comme un héros, » lui dit-il ; permettez-moi de vous serrer la main. » Sept jours après, le maréchal des logis Bellettre, malgré sa faiblesse et ses blessures, se déguise en meunier et rejoint le régiment à Orléans.

» M. de Bros, laissé à Pithiviers comme mort, peut être transporté quelque temps après hors du théâtre des opérations et se rétablir de ses blessures (1).

» Quant à M. de Vibraye, que nous avons laissé au moment de la charge, il lui faut, après une lutte vigoureuse, le plus grand sang-froid pour se débarrasser de ses nombreux ennemis, les tenir en respect et ramener les hussards Beck, Riche et Aubert, qui l'avaient suivi.

» Il prévient le chef d'escadrons Palanque, qui reprend aussitôt le mouvement en avant avec ses deux escadrons réunis. Mais toute la cavalerie ennemie est sur pied : dragons, hussards, cuirassiers se présentent de toutes parts ; il faut se retirer, et la retraite commence, couverte par le 1er peloton du 6e escadron (lieutenant de Monneville), qui arrête l'ennemi partout où celui-ci cherche à tâter la colonne de trop près.

» A 4 heures du matin, le brigadier Raclot et quatre cavaliers se lancent courageusement sur des cuirassiers, qui prennent la fuite. Le hussard Degray en tue un d'un coup de feu ; le hussard Pradon ramène un prisonnier.

---

(1) Ce brave officier est actuellement major au 19e dragons.

» Enfin, les deux escadrons arrivent à Neuville-aux-Bois et s'y établissent pour passer la nuit.

» Le lendemain, le régiment recevait l'ordre de se concentrer à Artenay, et il y arrive à 7 heures du matin. Le colonel Guillon, commandant le 6e hussards, fait aussitôt paraître l'ordre suivant, qui est le plus élogieux comme le plus exact commentaire de la brillante action à laquelle ont pris part quelques braves militaires de son vaillant régiment. Nous le publions avec d'autant plus de plaisir qu'il honore autant les soldats qui s'en sont montrés dignes que le chef qui l'a dicté :

« ORDRE DU RÉGIMENT :

» Artenay, 24 septembre 1870.

» Le colonel s'empresse de porter à la connaissance
» du régiment la belle conduite que plusieurs de ses
» membres ont tenue dans l'engagement qui a eu lieu
» dans les bois d'Orléans, près Pithiviers, où chacun
» a déployé dans l'attaque et la défense un acharne-
» ment, une vigoureuse énergie et un sang-froid di-
» gnes des soldats les plus aguerris, pour combattre
» un ennemi relativement très supérieur en nombre.

» Se sont fait remarquer dans cet engagement :
» M. Roustain, capitaine commandant, par son calme
» et sa présence d'esprit dans cette position critique ;
» M. de Vibraye, sous-lieutenant, par son entrain et
» son courage ; M. de Bros, sous-lieutenant, par son
» intrépidité ; Rataud, maréchal des logis et les hus-
» sards Deflandre et Marillot, qui ont pris deux hus-
» sards prussiens ; le hussard Pralon, qui a fait pri-
» sonnier un cuirassier ; le hussard Degray, qui en a

» tué un autre; le maréchal des logis Bellettre et les
» hussards Lanfrey, Bance et Laverdure, par l'ardeur
» qu'ils ont déployée dans le combat.

» Le colonel leur témoigne toute sa satisfaction, et
» il est heureux, dans cette circonstance, de leur
» transmettre à tous et en particulier à M. le comman-
» dant Palanque, pour la manière intelligente et la
» vigueur avec lesquelles il a dirigé cette opération,
» les mêmes témoignages de la part de M. de la Mot-
» terouge, général commandant en chef le corps d'ar-
» mée; de M. le général Reyau; commandant en chef
» la cavalerie du même corps, et de M. le général
» commandant la brigade.

» Le Colonel,
» GUILLON. »

Comme on le voit, le 6e hussards s'était montré,
dans ce rapide combat, à la hauteur de sa vieille réputation de bravoure et d'entrain, et l'ordre du jour qui
précède, inscrit dans ses annales, y restera une page
consolante et forte qui démontrera à ceux qui ont et
auront l'honneur de servir dans ses rangs qu'aux
jours de danger et de péril il a bien su mériter de la
France et de l'armée.

VINGT-TROISIÈME RÉCIT

Le 6ᵉ Dragons
au combat de la Croix-Briquet.

———

Armée de la Loire. (26 septembre 1870.)

Trois jours après l'escarmouche du 6ᵉ hussards à Escrennes, c'est au tour du 6ᵉ dragons, son compagnon de brigade, à se mesurer avec l'ennemi. Le 24 septembre, le 1ᵉʳ escadron de ce régiment était envoyé à Tivernon pour observer Toury, où se produisaient de grands mouvements de cavalerie allemande. Déjà, le 25 septembre, des troupes d'infanterie, se repliant de grand matin, prévenaient les avant-postes du 6ᵉ dragons qu'ils devaient s'attendre à être attaqués par des forces ennemies venant de Pithiviers; mais la journée s'écoula sans qu'il y eût d'engagements sérieux entre notre cavalerie et celle du prince Albert de Prusse. Toutefois, le lendemain, le contact des deux troupes adverses devait donner lieu à un combat assez vif, et c'est cette action, des plus honorables pour nos armes, que nous allons retracer en prenant pour guide un extrait de l'*Historique du 6ᵉ dragons*.

Le 26, vers midi, le lieutenant-colonel de Villers, de ce régiment, quitte Cercottes, petit village situé à 10 kilomètres d'Orléans, pour se rendre à Arthenay, afin de se renseigner exactement sur les mouvements et les positions de l'ennemi. La colonne qui l'accompagne se compose du 2ᵉ escadron du 6ᵉ dragons, d'un escadron du 6ᵉ hussards, de deux compagnies de mobiles du Loiret et d'une compagnie de tirailleurs algériens. Lorsque la pointe d'avant-garde est arrivée à hauteur de la Croix-Briquet, la colonne s'arrête et le sous-lieutant de La Guesnerie est envoyé sur la gauche de ce village avec son peloton pour observer les éclaireurs ennemis, qui commencent à se montrer dans ces parages. En explorant attentivement le pays environnant, le jeune officier aperçoit tout à coup, à quelques centaines de mètres de lui, dissimulée dans un pli de terrain, une petite troupe de uhlans, qui semble vouloir se replier à la vue de nos dragons. Mais M. de La Guesnerie, n'écoutant que sa bravoure et son entrain, se lance, suivi de ses cavaliers, résolument sur l'ennemi. Le colonel de Villers, craignant, avec raison, quelque surprise, envoie immédiatement, pour soutenir cette première attaque, les pelotons du lieutenant Petit d'abord, puis du capitaine en second de Fontenay, qui, à leur tour, piquent droit sur les uhlans. Mais ceux-ci n'ont pas attendu le choc, et, devant les vigoureuses dispositions de leurs adversaires, ils ont fort prestement tourné bride. La poursuite commence alors acharnée et rapide; les uhlans disparaissent de l'autre côté du village et, là, se rallient à un escadron de leur régiment, que les maisons ont caché à nos soldats.

Cependant, le capitaine de Fontenay, qui a pris le commandement de la petite troupe française, n'hésite pas une seconde : il commande la charge et se précipite sur l'ennemi, le sabre dans la main gauche et le revolver dans la droite. De leur côté, les uhlans, se sentant en forces, n'attendent pas leurs adversaires, et, à leur tour, chargent les nôtres en poussant de formidables hourras. Les deux troupes s'abordent alors avec un sauvage acharnement; elles se heurtent, se bousculent, se traversent et s'escriment avec une furieuse énergie.

Dès le premier choc, M. de La Guesnerie a son cheval tué sous lui; il roule à terre avec sa monture, et, pendant qu'il est encore engagé sous elle, il reçoit de lâches ennemis trois coups de lance qui le renversent inanimé. Le lieutenant Petit, également atteint de six blessures, parvient toutefois à se maintenir en selle et à se faire jour à travers la mêlée. Le maréchal des logis Le Bel, le brigadier Boath, les dragons Huck et Lordereau sont tués. Le maréchal des logis Mathis est blessé de deux coups de lance et d'un coup de sabre, et, avec lui, sont atteints 18 cavaliers, qui sont criblés de coups de lance. Mais ces braves, bien qu'écrasés par le nombre, ont fait payer cher leurs blessures. Un vigoureux Alsacien, le trompette Nidergang, a tué d'un coup de pistolet un capitaine allemand; un autre officier et de nombreux uhlans gisent à terre grièvement blessés. Enfin, ce qui reste de la petite troupe du capitaine de Fontenay perce la nuée de cavaliers allemands qui l'entoure et se retire, faiblement poursuivie, sur le reste de la reconnaissance.

Pendant qu'avait lieu, près du village, ce court et sanglant engagement, le capitaine Rousseau, commandant l'escadron du 6e dragons, et auquel il reste la moitié de sa troupe, descend la route au grand trot pour venir en aide aux pelotons engagés; mais il aperçoit alors, de l'autre côté de la voie ferrée, qui suit parallèlement la grand'route, tout un régiment de cuirassiers allemands, qui arrive en colonnes serrées et cherche le passage à niveau pour couper la retraite à notre reconnaissance.

Avec un à-propos et un sang-froid dignes des plus grands éloges, le capitaine Rousseau fait mettre aussitôt pied à terre à vingt-cinq de ses dragons, puis, les dispersant sur la banquette de la voie ferrée, il leur fait ouvrir un feu intense et bien dirigé sur les cuirassiers ennemis, qui, d'abord hésitants devant cette mousqueterie, creusant dans leurs rangs de sanglants sillons, finissent par faire demi-tour et par disparaître sous les sombres futaies des bois environnants.

Les cuirassiers hors de vue, le capitaine Rousseau fait remonter ses hommes à cheval, et, disposant sa troupe en fourrageurs, il attend, en tiraillant, l'attaque du régiment de uhlans, qui paraît se dessiner sérieusement. Au même moment, les deux compagnies de mobiles du Loiret et la compagnie de tirailleurs algériens qui sont chargées de soutenir et d'appuyer la cavalerie, ayant vu les cuirassiers allemands repoussés sur la droite du chemin de fer, repassent sur la gauche, et, se mettant à plat ventre dans les broussailles, ils attendent résolument la charge des uhlans qui les menace, car nos dragons, se retirant rapidement devant ces forces supérieures, viennent de les démasquer pour aller se reformer en arrière de leur ligne.

Les compagnies laissent alors s'avancer la cavalerie allemande à 400 mètres d'elles ; puis, à cette distance, sur l'ordre d'un chef énergique, le capitaine Roz, qui,

pour encourager ses mobiles, a saisi le fusil de l'un
d'eux et le premier a commencé le feu sur l'ennemi,
elles ouvrent sur cette masse compacte qui s'avance
au grand trot une fusillade tellement nourrie, tellement violente, que celle-ci, après avoir tourbillonné un
instant sur elle-même, se décide à se replier au galop,
abandonnant sur le terrain un grand nombre d'hommes et de chevaux.

Les dragons du 6ᵉ et, derrière eux, les hussards du
commandant Loysel, qui accourent en soutien, s'élancent à la poursuite de l'ennemi ; mais ce dernier a trop
d'avance pour être rejoint, et nos cavaliers doivent se
borner à le saluer une dernière fois d'une salve de
mousqueterie.

Cette fois, les escadrons allemands ont disparu complètement et le champ de la lutte reste à nos vaillants
cavaliers ; mais le lieutenant-colonel de Villers, qui
craint de voir revenir les Allemands en forces encore
plus nombreuses, fait sonner le ralliement et ordonne
la retraite. Celle-ci s'opère aussitôt, en bon ordre,
tranquillement sur Cercottes, où la colonne retrouve
le reste de la cavalerie et la demi-batterie attachée à la
brigade, qui ont pris des positions de combat dans
l'attente des événements.

Cette journée a coûté cher aux Allemands, qui ont
environ 80 des leurs tués ou blessés. Un capitaine du
10ᵉ uhlans de Posen a été tué et un lieutenant du
même régiment grièvement blessé. De notre côté, les
pelotons du 2ᵉ escadron, qui, sous les ordres du capitaine de Fontenay, ont chargé les uhlans près du village de la Croix-Briquet, ont également fait des pertes
sensibles. Les lieutenants Petit et de La Guesnerie

sont sérieusement atteints (ce dernier, fait prisonnier, put, grâce au dévouement d'un habitant, s'évader le lendemain et rejoindre le régiment). Six dragons étaient tués, 31 blessés, et, en outre, on comptait 8 hommes disparus et 23 chevaux hors de service.

Dans une lettre datée de Beaugency le 28 septembre, et que nous empruntons à l'ouvrage de M. Grenest *L'Armée de la Loire*, le capitaine de Fontenay raconte ainsi la charge du 26ᵉ :

« Le capitaine de uhlans était à quelques pas en avant; je passai à sa gauche, à un mètre de lui, et lui envoyai un coup de revolver. Mon gredin de revolver, soit que la cartouche fût mauvaise, soit que la petite baguette ne fût pas assez tirée, ne partit pas.

» Je le laissai tomber au bout de sa ficelle et me servis de mon sabre pour écarter les lances que je voyais dirigées contre moi.

» Mon trompette, qui me suivait, fut plus heureux, et, avec son pistolet, « il décrocha le gros capitaine ».

» Je traversai la ligne et la retraversai dans l'autre sens, poursuivi par trois ou quatre uhlans qui semblaient s'acharner après moi et dont ceux qui me suivaient me débarrassèrent, et, au bout de quelques minutes, je fis sonner le ralliement sur la route, à 200 mètres du point où avait eu lieu la rencontre.

» La mêlée a été fort chaude et nous leur avons fait beaucoup de mal. Mon pauvre dragon a été tué (1). »

Ce que le capitaine de Fontenay ne dit pas, c'est qu'il avait fait preuve d'un admirable dévouement,

(1) L. DE FONTENAY, *Derniers jours de campagne et de captivité*. Nontron, 1871.

en mettant pied à terre et en cherchant à enlever, avec l'aide de quelques cavaliers, le lieutenant de La Guesnerie blessé, ce qui ne put avoir lieu, pressé qu'on était par un ennemi nombreux et entreprenant.

Le lieutenant-colonel de Villers signala dans son rapport l'admirable sang-froid du capitaine Rousseau, la bravoure du capitaine de Fontenay (1), du lieutenant Petit et du sous-lieutenant de La Guesnerie, ainsi que la belle conduite du trompette Niedergang, qui tua ou blessa mortellement d'un coup de pistolet un capitaine de uhlans, et, en général, l'entrain et la solidité de tout le 2e escadron du 6e dragons, qui sut mettre en fuite deux régiments ennemis avec l'aide d'un seul escadron du 6e hussards et une poignée de mobiles du Loiret.

Ce simple fait d'armes ne démontre-t-il pas péremptoirement que, quoi qu'on en ait dit, notre cavalerie de 1870 était pleine d'entrain et aurait montré la plus grande initiative si elle avait eu à sa tête des chefs audacieux et entreprenants ? Les soldats français ne savent pas dégénérer, et l'on retrouve toujours leurs qualités maîtresses, l'élan, la hardiesse et le courage, lorsque, au lieu de les énerver par des retraites continuelles, on sait les mener en avant, toujours en avant.

---

(1) L. DE FONTENAY, *idem.*

VINGT-QUATRIÈME RÉCIT

Le 2e Lanciers de marche au combat de Boiscommun.

1re Armée de la Loire. (24 novembre 1870.)

Le jour du combat de Ladon-Maizières, les fractions du Xe corps prussien établies autour de Beaune-la-Rolande avaient lancé des partis en reconnaissance dans la direction de Saint-Loup, de Montbarrois et de Boiscommun. Ce dernier village se trouvait alors occupé par un demi-escadron du 2e lanciers de marche (1) sous les ordres du capitaine Hubert.

Dans la matinée du 24, le lieutenant-colonel Basserie, commandant le régiment, se mettait, avec deux de ses escadrons, en marche sur Bellegarde, où il lui était enjoint d'aller s'établir, lorsqu'il fut prévenu par une estafette que l'ennemi s'avançait en forces sur Boiscommun et que la situation du capitaine Hubert devenait difficile.

Le colonel fait alors prendre le trot aux deux escadrons qu'il a sous la main et se porte vivement au secours de son subordonné, mais n'arrive dans la

---

(1) Le 2e lanciers de marche a été constitué avec les débris des 1er, 3e et 7e lanciers et va occuper Orléans le 29 septembre 1870. Il compte dans les rangs de la brigade Michel, du 15e corps. Après la guerre, il fusionne avec l'ancien 2e lanciers rentré de captivité, et devient, à la suppression de cette arme, le 10e hussards actuel.

localité menacée qu'au moment précis où le capitaine
Hubert, débordé par une troupe nombreuse de cavalerie appuyée par de l'infanterie, prenait le parti de se
replier avec son demi-escadron.

Déjà, l'avant-garde ennemie a pénétré jusque sur la
grand'place de Boiscommun et le gros de la colonne
est entré dans le bourg, qui se trouve également tourné
à l'est par un détachement de dragons hessois, lorsque
le colonel Basserie, vigoureux et intelligent officier,
prend l'énergique et soudaine résolution d'arrêter puis
de chasser l'ennemi avec les faibles forces dont il dispose.

L'action est prompte comme la pensée : diviser ses
forces en deux fractions, dont l'une arrivera jusqu'au
cœur du village et dont l'autre contournera le boule-
vard servant de verdoyante ceinture à la petite bour-
gade, n'est pour le colonel que l'affaire d'un instant.
Son monde prêt, bien disposé pour une rapide et vigoureuse action, il l'enflamme par quelques vibrantes paroles, puis, se mettant en tête de ses escadrons, il commande la charge et se précipite sabre haut sur les
cavaliers allemands.

En un clin d'œil, ceux-ci, surpris par la redoutable
bourrasque qui leur arrive si inopinément, sont vigoureusement ramenés, et les lanciers, colonel en tête, les
poursuivent si vivement et de si près qu'à toute minute
les lances pénètrent dans le dos des Prussiens. Malheureusement, une balle frappant le cheval du colonel
Basserie, l'animal s'abat entraînant dans sa chute son
vaillant cavalier, qui, seul, se trouve alors engagé au
milieu des rangs ennemis, qui se referment sur lui. Le
voyant ainsi à terre et sans défense, engagé sous sa

monture, une quinzaine de dragons s'élancent et le criblent de coups de sabre. La tête fracassée, les épaules et les bras couverts de blessures, le malheureux et intrépide colonel va certainement succomber, lorsqu'un officier ennemi, survenant, l'arrache à ses brutes et féroces soldats et le fait conduire en lieu sûr (1).

Pendant que se passait ce triste épisode, nos lanciers finissaient de culbuter la colonne de dragons hessois, la rejetaient sur son infanterie, puis, la poussant, la pointe dans les reins, jusqu'à Montbarrois, l'obligeaient à se mettre définitivement en retraite sur Beaune-la-Rolande.

Mais ce succès avait été chèrement acheté, et le 2ᵉ lanciers de marche avait noblement payé son baptême du feu. Indépendamment du colonel Basserie, blessé et prisonnier, étaient tombés à ses côtés, sérieusement atteints : le chef d'escadrons Gamet de Saint-Germain, l'épaule sabrée ; le capitaine adjudant-major de Nazelle, coup de sabre en plein visage ; le lieutenant Lowenbrück, bras fracturé, et le sous-lieutenant Collet, coup de sabre à la tête. Ces deux derniers officiers avaient eu leurs montures tuées sous eux et, comme le lieutenant-colonel Basserie, étaient tombés aux mains de

(1) L'héroïque colonel Basserie, transporté à Beaune, fut quatre longs mois à se rétablir de ses graves et nombreuses blessures. Le soir de ce combat, un officier allemand racontant l'engagement, ajoutait : « Trop brave, le colonel, trop brave !... » Il est certain que les officiers supérieurs et généraux ennemis payaient beaucoup moins de leurs personnes que les nôtres, et il fut très rare, durant la campagne de 1870, de voir des généraux ou colonels allemands charger à la tête de leurs troupes comme le firent si vaillamment les Legrand, les du Barail, les Margueritte, les Galliffet, les Montaigu, les de France, les Cornat et tant d'autres qui payèrent de leur sang ou de leur vie leur chevaleresque ardeur. Le colonel Basserie fut retraité en 1877. Il avait, après la guerre, été appelé au commandement de la 1ʳᵉ circonscription de remonte, à Caen·

l'ennemi. En outre, 7 lanciers avaient succombé et 5 autres avaient reçu des blessures plus ou moins graves. Du côté allemand, on comptait environ une trentaine de cavaliers hors de combat, dont deux officiers.

Telle fut cette escarmouche de Boiscommun, qui fit beaucoup d'honneur aux jeunes et vaillants soldats qui y prirent part et surtout à l'énergique officier qui les commandait.

Le souvenir de ce court et brillant engagement a, d'ailleurs, été conservé par deux monuments qui furent, quelques années après la guerre, élevés dans le cimetière de Boiscommun. L'un, composé d'un petit piédestal surmonté d'une croix en pierre, a été construit, au moyen de souscriptions recueillies par le colonel du 2ᵉ lanciers, sur la tombe des sept soldats de ce régiment tués en chargeant l'ennemi ; l'autre, en forme de pyramide, a été dressé aux frais de la commune sur la tombe de sept autres militaires français tués au même combat ou mort des suites de leurs blessures.

Le premier monument porte cette inscription :

ARMÉE DE LA LOIRE
20ᵉ CORPS
SOUVENIR DES OFFICIERS DU 2ᵉ LANCIERS DE MARCHE
A LEURS SOLDATS
(Au-dessous sont gravés les noms.)
VOUS QUI PASSEZ
PRIEZ POUR CES BRAVES ENFANTS DE LA FRANCE !

Le second monument a reçu l'inscription suivante :

A LA MÉMOIRE DES SOLDATS MORTS
A BOISCOMMUN
PENDANT LA GUERRE DE 1870-1871
LA COMMUNE DE BOISCOMMUN RECONNAISSANTE !
(Au-dessous les noms des militaires inhumés.)

VINGT-CINQUIÈME RÉCIT

La prise du village des Cotelles par le 3ᵉ Lanciers de marche. — Enlèvement d'un canon allemand par le capitaine d'artillerie Brugère.

Combats de Lorcy et de Juranville.
Armée de la Loire. (28 novembre 1870.)

..... Le 28 novembre, à 8 heures du matin, le 3ᵉ lanciers de marche (1), attaché au 18ᵉ corps de l'armée de la Loire (général Billot) et spécialement la 1ʳᵉ division de ce corps d'armée, recevait l'ordre de suivre les mouvements de cette division, dont la mission consistait à s'emparer d'abord des villages de Lorcy et de Juranville et à se porter ensuite sur Beaune-la-Rolande, qui était l'objectif des troupes du 20ᵉ corps (général Crouzat).

Les 2ᵉ et 3ᵉ escadrons du régiment, sous le commandement du chef d'escadrons Renaudot, traversent le village de Ladon et se dirigent, le 3ᵉ escadron vers

---

(1) Le 3ᵉ lanciers de marche avait été formé par ordre du Ministre de la guerre en date du 5 novembre 1870, au moyen des 6ᵉ escadrons des 2ᵉ, 4ᵉ, 5ᵉ et 6ᵉ lanciers. Il eut pour chefs le lieutenant-colonel Pierre et comme commandant en second le chef d'escadrons Renaudot. Au retour en France du 3ᵉ lanciers, fait prisonnier à Metz, le 3ᵉ de marche fut incorporé dans ce régiment et, à la suppression de l'arme en 1873, devint le 15ᵉ dragons actuel, qui fait partie, avec le 6ᵉ hussards, de la brigade de cavalerie du 18ᵉ corps d'armée. Il tient actuellement garnison à Libourne.

Lorcy, le 2ᵉ sur Juranville, en ce moment vigoureusement attaqué par les régiments de la 1ʳᵉ brigade (colonel Robert). Après une lutte opiniâtre, vigoureusement soutenue de part et d'autre, Juranville tombe au pouvoir de nos soldats, et l'escadron du 3ᵉ lanciers va s'installer sur le chemin de grande communication qui relie Landon à Beaune-la-Rolande, à 800 mètres environ du hameau des Cotelles, que défend encore un nombreux détachement allemand soutenu par de l'artillerie.

Il est midi environ. Le 2ᵉ escadron a mis pied à terre, et hommes et chevaux se livrent au repos, attendant de nouveaux ordres, lorsqu'un jeune capitaine d'artillerie, arrivant au petit galop vers le commandant Renaudot, le prévient que nos pièces qui tiraient à pleine volée sur le hameau des Cotelles viennent de démonter deux canons prussiens, et que l'un de ces canons est abandonné près du village, à environ 600 mètres en avant de nos premières lignes. Il ajoute que, sur son initiative, deux compagnies du 73ᵉ de mobiles (Loiret et Isère) ont été envoyées pour s'en emparer et que, accueillies par une intense fusillade, elles ne se sentent pas en force suffisante pour arriver jusqu'à la pièce, mais qu'elles empêchent néanmoins, par un feu rapide et continu, l'ennemi de la reconquérir. Il termine alors en offrant au chef d'escadrons Renaudot de tenter la partie, en poussant, avec ses cavaliers, une charge sur la position des Cotelles, charge dont la diversion permettra d'enlever aux Allemands un des rares trophées de la campagne.

Le jeune et entreprenant officier d'artillerie qui

soumettait ainsi, en plein champ de bataille, cette · proposition empreinte d'à-propos et de vigueur, ne devait pas faillir à ses heureuses promesses et parcourait plus tard un brillant et rapide chemin dans la carrière des armes, car ce n'était autre que l'éminent et sympathique général Brugère, ancien chef de la maison militaire du président de la République, commandant actuellement le 8ᵉ corps d'armée à Bourges, et attaché alors comme capitaine d'artillerie à l'état-major du 18ᵉ corps. Le général Billot, venant à passer sur ces entrefaites, le commandant Renaudot lui fait connaître le hardi projet du capitaine Brugère et lui demande son consentement. Tout d'abord, le général, craignant de compromettre inutilement la vie de braves soldats dans cette entreprise, qui lui paraît assez dangereuse, hésite et va refuser ; mais, sur les instances pressantes des deux officiers, il cède à leurs désirs, leur recommandant seulement de bien choisir le moment pour mettre leur dessein à exécution.

Immédiatement, le commandant Renaudot et le capitaine Brugère reviennent vers l'escadron et font sonner : *A cheval*. A ces deux officiers, viennent se joindre le commandant Dequen, du 3ᵉ lanciers, et le capitaine Porteret, qui dirige l'escadron appelé à entrer en ligne. A la sonnerie bien connue, nos cavaliers enfourchent lestement leurs montures, et un frémissement joyeux court à travers les rangs ; on va voir enfin de près ces maudits casques à pointe, toujours invisibles derrière les murs ou les bois sombres, toujours enfouis derrière leurs tranchées ou dissimulés derrière leurs barricades, et tous de se promettre de vigoureusement jouer de la lance, du sabre et du revolver. Le commandant

Renaudot ne laisse pas tiédir ce bel enthousiasme ; il passe rapidement devant l'escadron, s'assure que ses hommes ont leurs armes prêtes et en bon état, et, après une allocution toute vibrante, toute militaire, il commande d'une voix tonnante : « Par quatre... au trot... marche ! »

L'escadron s'ébranle et prend le trot. En tête chevauchent les commandants Renaudot et Dequen, les capitaines Porteret et Brugère, le sous-lieutenant Bucheron, très connu aujourd'hui sous la plume alerte et spirituelle du distingué collaborateur du *Figaro* qu'on appelle Saint-Genest. L'allure de la petite troupe est pleine d'entrain, et nos jeunes cavaliers offrent un aspect très crâne sous ce pâle soleil d'hiver qui fait miroiter les cuivres de leur harnachement et étinceler la pointe de leurs lances, au sommet desquelles claquent gaiement au vent les flammes rouges et blanches. A la vue de cette cavalerie, qui augmente d'allure au fur et à mesure qu'elle approche, l'artillerie ennemie, postée sur les crêtes des Cotelles, redouble l'intensité de ses feux ; mais ses obus passent au-dessus de nos lanciers et vont se terrer dans les mottes argileuses d'un sol détrempé par le dégel et par la pluie. L'escadron arrive ainsi à hauteur du canon abandonné, devant lequel est déployée la ligne de tirailleurs du 73e de mobiles. Ceux-ci entretiennent avec l'ennemi un feu de mousqueterie des plus vifs, des plus nourris. A plusieurs reprises, des groupes de fantassins allemands ont essayé d'arriver jusqu'au canon, pour le ramener dans leurs lignes ; mais toujours leurs efforts se sont brisés devant la fusillade des mobiles, qui tiennent ferme sous l'énergique direction de deux braves officiers, MM. Boisseau et de Coëtlogon.

Le capitaine Brugère fait rapidement amener un avant-train ; mais ses canonniers ne peuvent faire entrer la cheville ouvrière de celui-ci dans la lunette de la pièce ; un maréchal des logis cherche alors à se servir de la prolonge, en amarrant le canon à celle-ci avec des cordes, mais il fixe mal son lien et, lorsqu'on veut avancer, le nœud se défait et la pièce reste en panne. Ces diverses et infructueuses opérations, bien que très vivement exécutées, ont donné l'éveil à l'artillerie ennemie, qui fait pleuvoir sur nos soldats boîtes à mitraille et schrapnels, afin de faire avorter l'enlèvement du canon. La situation devient assez critique, car, sous ce feu redoublé, quelques pertes se produisent. Il ne reste plus qu'une alternative, celle de s'emparer des Cotelles et d'en débusquer l'ennemi.

Le commandant Renaudot a tout de suite compris que l'instant est arrivé d'opérer son mouvement de diversion ; il se tourne vers son escadron, et, le sabre haut, la voix vibrante, il commande la charge. Comme une trombe que rien n'arrête, la troupe entière dévale au galop, la lance croisée, et se rue sur la position des Cotelles. Un premier fossé entouré d'abatis est franchi sans difficultés et ses défenseurs sont cloués au sol par les lances de nos cavaliers, qui arrivent avec une folle impétuosité sur une solide barricade qui défend l'entrée principale du village. L'ennemi tire à bout portant sur les rangs pressés de nos lanciers et les dreyses de ses fantassins creusent de sanglants sillons dans la petite colonne française. En un instant, le sous-lieutenant Bucheron a son cheval tué et roule meurtri sous sa monture, et à ses côtés une dizaine de lanciers vident les arçons, tués ou grièvement blessés. Le commandant Renaudot donne alors l'ordre à ses deux pelotons de s'écouler par la droite et par la gauche, afin de tourner l'obstacle, et nos cavaliers, par un rapide mouvement de flanc, arrivent de deux côtés à la fois dans la grande rue du village. Les Allemands, voyant par cette habile manœuvre leur retraite coupée, se jettent affolés hors des maisons où ils se sont retranchés et fuient de tous côtés; un grand nombre d'entre eux, pris entre les deux colonnes de cavalerie qui viennent d'opérer leur jonction sur la place de l'Eglise, sont entièrement cernés par ce mouvement concentrique et se rendent à discrétion. Quant au reste de la troupe allemande, il a bravement fui à travers champs.

Le commandant Renaudot n'ayant plus d'adversaires devant lui, rallie son monde; puis il attend un moment des renforts qui n'arrivent pas, et, devant la canonnade de l'ennemi qui crible de feux le village qui vient de céder à l'impétuosité de notre attaque, il se replie, pour éviter des pertes inutiles, en bon ordre et au pas, emmenant au milieu de sa troupe un major hanovrien et une trentaine de prisonniers. Les lanciers rapportaient, comme souvenir de cet heureux engagement, qui un casque à pointe, qui un dreyse, qui un mousqueton.

Pendant que se livrait ce rapide engagement, le capitaine Brugère n'avait pas perdu de temps; il était parvenu à faire atteler la pièce allemande et la ramenait victorieusement sous la garde de l'escadron de lanciers, dont l'arrivée dans les lignes françaises était saluée par les vivats enthousiastes des troupes qui, de loin, avaient suivi les péripéties de ce court et émouvant épisode.

Cette brillante affaire avait coûté au 3ᵉ lanciers de marche, 7 hommes tués et blessés et 15 chevaux hors de combat. Quant au canon, trop rare trophée, hélas, de cette funeste guerre, il passa la nuit sous la protection des braves lanciers et fut remis le lendemain au capitaine Brugère, chargé d'aller le présenter au Ministre de la guerre, à Tours.

Le chef d'escadrons Renaudot, ainsi que le capitaine d'artillerie Brugère, furent mis tous deux à l'ordre du jour du 18ᵉ corps d'armée : le premier, pour la bravoure et l'entrain dont il avait fait preuve dans sa charge sur le hameau des Cotelles, le second pour l'initiative, l'habileté et le sang-froid qu'il avait déployés dans l'enlèvement du canon allemand. Quelque temps après, ces deux officiers recevaient la juste récompense de leur vaillante conduite : le commandant Renaudot était promu officier de la Légion d'honneur et le capitaine Brugère nommé chef d'escadrons.

CONCLUSION

Nous terminons par cet honorable engagement la longue liste des vaillantes chevauchées de notre brave cavalerie pendant la néfaste guerre franco-allemande, et, bien que le cadre étroit de ce volume nous ait obligé d'éliminer encore de belles et brillantes actions dues au courage et à l'esprit de sacrifice de nos vaillants soldats, on peut juger, par toutes celles dont nous avons entrepris le récit détaillé et sincère, combien cette belle arme de la cavalerie a été digne de notre reconnaissance et de notre admiration pendant cette phase douloureuse de nos annales militaires.

Morsbroon, Reischoffen, Floing viendront donc s'ajouter, dans l'immortalité de l'histoire, à ces sublimes holocaustes qui, en d'autres temps, se sont appelés *Eylau, la Moskowa, Waterloo*, et prouver qu'à toutes les époques de sa glorieuse existence la France a toujours su enfanter des héros dignes de sa renommée et de sa grandeur.

Paris, 15 avril 1894.

Paris et Limoges. — Imp. milit. Henri CHARLES-LAVAUZELLE.

www.ingramcontent.com/pod-product-compliance
Lightning Source LLC
Chambersburg PA
CBHW062222270326
41930CB00009B/1836